Guide Microapp

ADOBE® Photoshop® CS

Micro Application

1ère Édition - Février 2004

Auteur Vincent DERRIEN

Remerciements

Je tiens à remercier Wendy Cain, Victoria Shepherd (www.4-sitedesign.co.uk) pour leur talent et leur contribution aux photographies illustrant cet ouvrage.

ISBN : 2-7429-3308-5

MICRO APPLICATION
20-22, rue des Petits-Hôtels
75010 PARIS
Tél : 01 53 34 20 20 - Fax : 01 53 34 20 00
http://www.microapp.com

Support technique :
Fax : 01 53 34 20 00
également disponible sur le site
www.microapp.com

Mister O'net, l'homme à la référence, vous montre le chemin !

Rendez-vous sur le site Internet de Micro Application **www.microapp.com**. Dans le module de recherche, sur la page d'accueil du site, retrouvez **Mister O'net**. Dans la zone de saisie, entrez la référence à 4 chiffres qu'il vous indique sur le présent livre. Vous accédez directement à la fiche produit et, le cas échéant, aux exemples de ce livre.

Recherche **4308**

Avant-propos

Tout en couleur, la collection GUIDE MICROAPP vous accompagne dans votre découverte d'un logiciel ou d'une technologie informatique. Grâce à une approche résolument pratique, centrée autour de nombreux exemples pas à pas, elle vous permet de réussir vos premières prises en main et de réaliser des opérations concrètes, rapidement et facilement, sans connaissance préalable du sujet traité.

Les ouvrages de la collection sont basés sur une structure identique :

- Des étapes numérotées, associées à des captures d'écran, vous permettent de suivre et de reproduire pas à pas l'exemple étudié.
- Des informations complémentaires au sujet traité vous sont délivrées. Présentées sous forme d'encadrés, elles sont repérables par l'icône ▶.
- Des définitions vous permettent de comprendre les termes et abréviations relatifs au logiciel ou à la technologie étudiée. Présentées sous forme d'encadrés, elles sont identifiables par l'icône ■.

Complète, la collection GUIDE MICROAPP vous délivre des outils innovants pour rendre l'apprentissage encore plus enrichissant et convivial :

Le coin des passionnés, pour tous ceux qui souhaitent approfondir leurs connaissances et aller plus loin dans leur utilisation du logiciel ou de la technologie étudiée.

Les Fiches pratiques, pour maîtriser en quelques clics une application précise.

Afin de faciliter la compréhension des techniques décrites, nous avons adopté les conventions typographiques suivantes :

- **Gras** : menu, commande, onglet, bouton
- *Italique* : rubrique, zone de texte, liste déroulante, case à cocher
- www.microapp.com : adresse Internet
- **Hotmail** : renvoi vers un encadré définition
- ✂ : indique, dans les programmes, un retour à la ligne involontaire dû aux contraintes de la mise en page

Sommaire

Chapitre 1

Pour bien commencer

Chapitre 2

Améliorer ses images

Chapitre 3

La retouche photographique

Chapitre 4

Sélectionner un élément de l'image et l'isoler

Chapitre 5

Création graphique

Chapitre 6

Webdesign

Chapitre 7

Le coin des passionnés

Animer des images pour le Web

Fiches

Fiches pratiques

Pour bien commencer

En matière de logiciel de retouche d'image, Photoshop est une référence incontestée. Les fonctions permettant d'améliorer ses images ou de les retoucher permettent un nombre infini de possibilités. Photoshop a depuis longtemps sa place chez les professionnels de l'image. Il n'en reste pas moins que sa simplicité et sa puissance permettent également à tous les amateurs de pixels d'exprimer leur créativité numérique.

Le champ d'action de Photoshop ne se limite pourtant pas à la photographie. Les illustrateurs, webdesigners, monteurs vidéo, créateurs d'animations, etc., dans tous les domaines nécessitant un traitement ou une création d'image, sont susceptibles d'utiliser les possibilités de Photoshop.

Vous trouverez dans cet ouvrage toutes les bases pour vous familiariser et progresser avec ce fantastique logiciel grâce à des exemples et des pas-à-pas illustrés. La retouche d'image, le montage photographique, les effets spéciaux, l'optimisation d'images pour Internet, la création d'images GIF animées pour le Web ou encore la conception d'interfaces pour vos sites web sont à votre portée.

Suivez donc le guide !

Les différents éléments de l'interface

Lorsque Photoshop est installé sur votre machine, le premier lancement va probablement vous paraître déconcertant. Différentes palettes sont disposées sur l'espace de travail d'une manière prédéfinie. Nous allons voir une à une à quoi servent ces différentes parties.

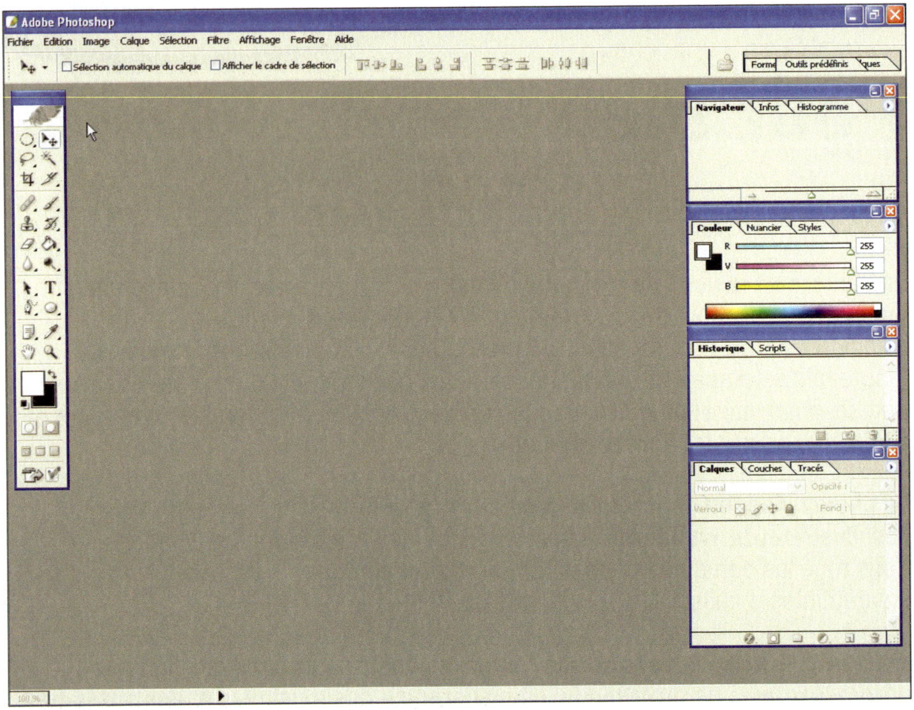

Les menus *et les options*

Comme dans la plupart des logiciels actuels, une barre de menu située en haut de l'espace de travail permet d'accéder à toutes les fonctions du logiciel. Lorsque vous cliquez sur un menu, celui-ci se déroule et présente parfois des sous-menus indiqués par une petite flèche noire. Placez le pointeur de la souris sur l'intitulé désiré pour les afficher.

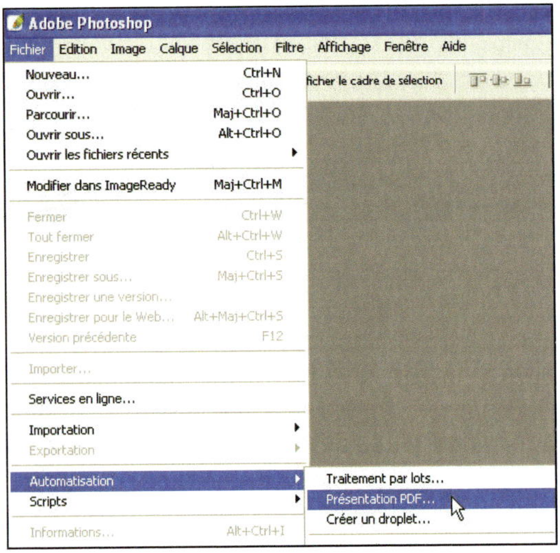

Sous la barre des menus, vous disposez d'une barre d'options. Elle présente l'ensemble des paramètres de l'outil que vous utilisez, avec la possibilité de les modifier. En fonction de l'outil que vous avez sélectionné, vous aurez accès via cette barre, à différentes informations. Elle sera très utile dans tous vos travaux et nous y reviendrons régulièrement tout au long de cet ouvrage.

La boîte à outils

La palette *Outils* se trouve par défaut sur la gauche de l'espace de travail. Il s'agit véritablement d'une boîte à outils où sont rangés tout ce dont vous aurez besoin pour travailler sur vos images. Les outils y sont regroupés en fonction de leur domaine d'intervention principal.

Les outils de sélection se trouvent dans la partie supérieure de la palette *Outils*. Ils servent à découper, sélectionner ou déplacer les images.

Les outils de dessin sont situés juste en dessous. Ils permettent de peindre sur l'image, de remplir, de gommer, de corriger les teintes…

Le troisième bloc est plus particulier. Il regroupe les outils de création vectorielle. Cette dénomination un peu technique sera décrite plus loin dans l'ouvrage. Ces outils permettent de créer des formes géométriques et de placer du texte sur vos images.

Le quatrième bloc abrite des outils très pratiques. La **Loupe**, la **Main** pour déplacer l'image dans la fenêtre de travail, l'outil d'annotation et la **Pipette** servant à ponctionner une couleur sur l'image.

En dessous de ces quatre blocs, vous aurez certainement remarqué les deux carrés de couleur. Ils indiquent les couleurs de premier plan et d'arrière-plan. En dessous se situent différentes icônes relatives à l'affichage. Le bouton inférieur sert à passer dans ImageReady, le logiciel complémentaire de Photoshop dédié au Web. Un chapitre de cet ouvrage est consacré à quelques applications d'ImageReady.

Si vous hésitez sur la dénomination d'un outil, il est possible de placer le pointeur de la souris sur cet outil, son nom s'affichera alors dans un petit rectangle.

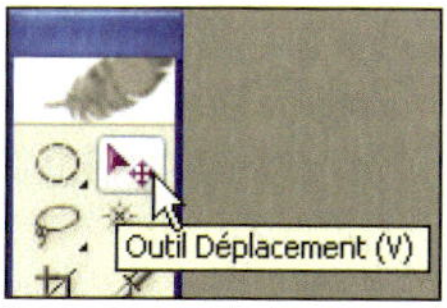

Certains outils sont cachés dans la boîte à outils. Pour y accéder, déroulez un menu. Les boutons concernés présentent une petite flèche en bas à droite. Cette flèche vous indique que d'autres outils sont disponibles.

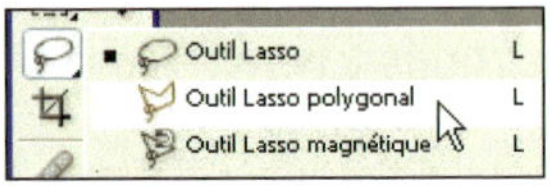

En maintenant le bouton gauche de la souris enfoncé (ou en effectuant un clic droit) sur un outil, un menu apparaît avec la description des autres outils disponibles. Choisissez celui dont vous avez besoin en cliquant dessus. Le menu disparaît automatiquement et l'outil est alors sélectionné.

Accéder rapidement aux outils

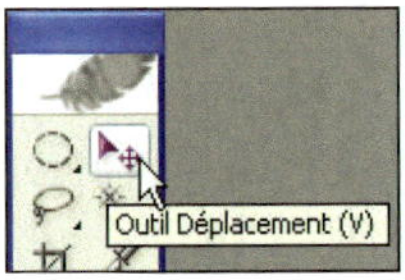

Il est tout à fait possible, lorsque vous maîtrisez bien l'interface, d'accéder aux outils directement via le clavier de votre ordinateur. Par exemple, pour activer l'outil **Déplacement**, il suffit de presser la touche V. Pour savoir quelle touche correspond à quel outil, il suffit de placer le pointeur sur l'outil et de noter quelle est la lettre entre parenthèses à côté du nom de l'outil.

Les *palettes*

Les palettes permettent d'accéder à une foule d'informations concernant votre travail. Elles se présentent sous la forme de petites fenêtres qui peuvent se déplacer sur le plan de travail.

Elles se manipulent de manière très intuitive.

- De la même manière que n'importe quelle fenêtre, une palette est déplaçable par un clic sur la barre horizontale. Il faut alors maintenir le bouton gauche de la souris enfoncé, glisser la palette jusqu'à sa nouvelle position, puis relâcher le bouton de la souris pour placer la palette là où vous le désirez.

- Pour redimensionner une palette, placez le pointeur sur l'angle inférieur droit de la palette. Il prend alors la forme d'une double flèche. Cliquez en maintenant le bouton gauche de la souris enfoncé et étirez la fenêtre pour lui donner la dimension que vous désirez.

■ Toutes les palettes ne sont pas utiles en même temps et elles occupent beaucoup de place sur la surface de travail. Il est donc possible (et recommandé !) de fermer celles que vous n'utilisez pas : cliquez simplement sur la croix rouge.

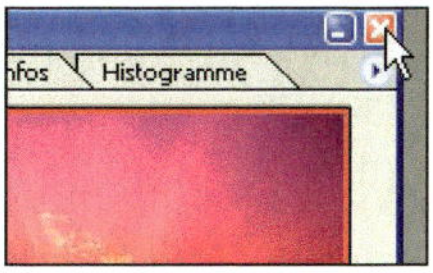

Afficher une palette

Vous pouvez afficher la palette de votre choix à partir du menu. Déroulez le menu **Fenêtres** pour obtenir la liste exhaustive des palettes. Les palettes déjà ouvertes présentent un petit signe distinctif en regard de leur nom.

Une palette présente plusieurs onglets, tel un répertoire, visibles dans leur partie supérieure. Par exemple, par défaut, la palette *Couleur* propose les onglets **Nuancier** et **Styles**, correspondant à de nouvelles palettes.

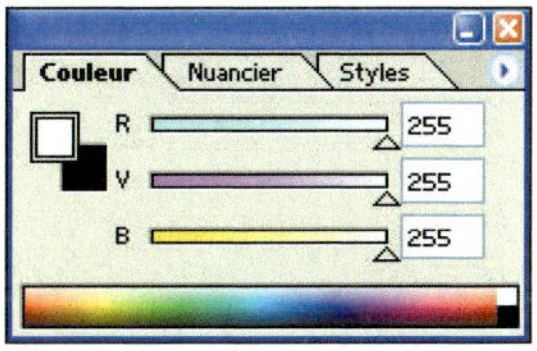

En cliquant sur ces onglets, vous accédez à la palette désirée. Un gain de place bien appréciable !

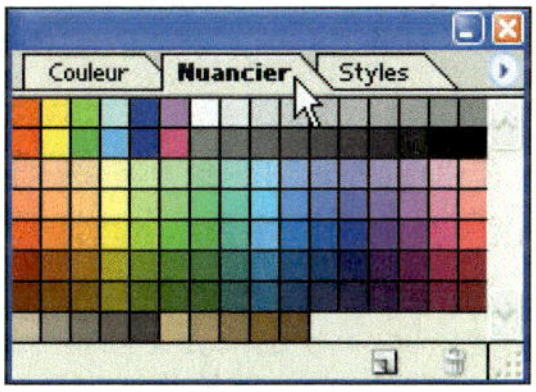

Un bouton rond, fléché, en haut et à gauche de certaines palettes, permet d'accéder aux options de chaque palette via un menu déroulant.

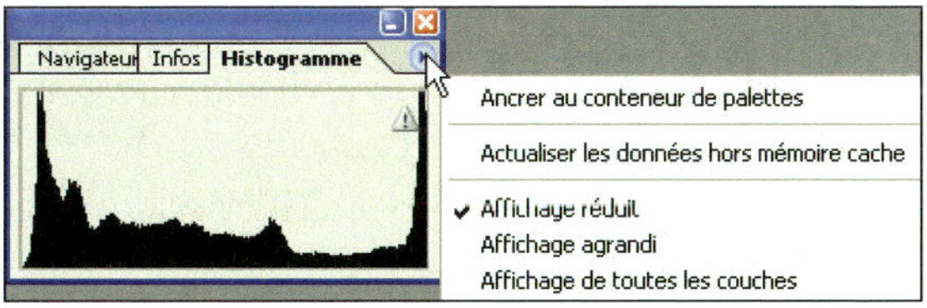

Masquer toutes les palettes

Il existe une manière de masquer temporairement toutes les palettes, ainsi que la boîte à outils. Il suffit pour cela, d'appuyer sur la touche Tab de votre clavier. En appuyant à nouveau, vous les réaffichez. Cette fonction est très pratique pour prendre un peu de recul sur son image et la voir en totalité.

Importer une image

Avant de commencer, vous devez disposer d'une image. Cette dernière peut avoir différentes origines : scanneur, appareil photo numérique, CD-Rom, disquette ou encore disque dur. Nous détaillerons ici les principales sources à partir desquelles il est possible d'importer des images.

À partir *d'un support de stockage*

L'opération est très simple lorsque vous disposez déjà d'un fichier numérique sauvegardé sur un support. Qu'il s'agisse d'un CD-Rom, d'une disquette, d'un lecteur Zip ou du disque dur, la procédure est identique.

1 Déroulez le menu **Fichier** et choisissez la commande **Ouvrir**.

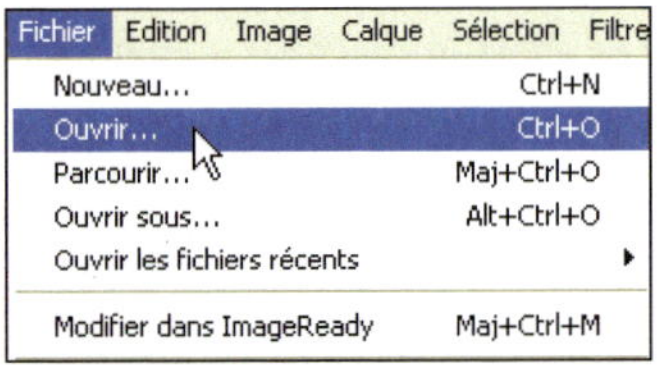

2 Dans la fenêtre qui s'ouvre, vous pouvez naviguer dans les dossiers de votre ordinateur, disquette, CD-Rom... Pour vous faciliter la tâche, utilisez la liste déroulante située au-dessus des fichiers. Une fois dans le bon dossier, sélectionnez par un clic l'image qui vous intéresse et validez en cliquant sur le bouton **Ouvrir**.

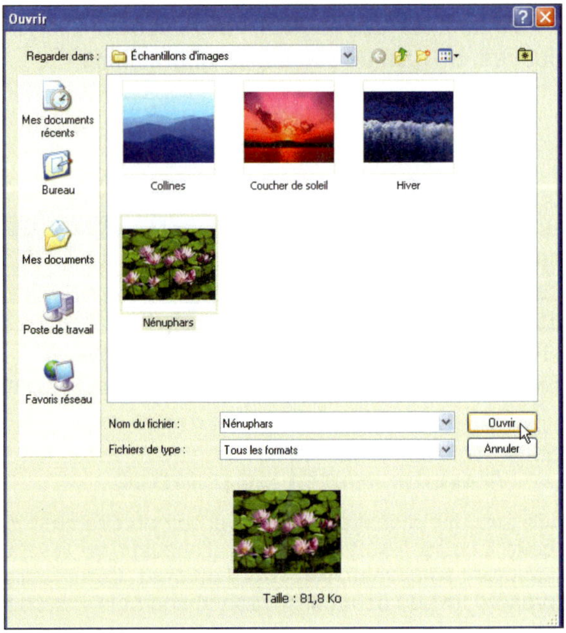

L'image est importée dans Photoshop.

Photoshop CS dispose d'une fonction extrêmement pratique, permettant de naviguer encore plus facilement dans les dossiers et de retrouver facilement des images. Il s'agit de l'Explorateur de fichiers intégré.

Voici comment procéder pour ouvrir une image à partir de l'Explorateur :

1 Cliquez sur le menu **Fichier**, puis sur **Parcourir**.

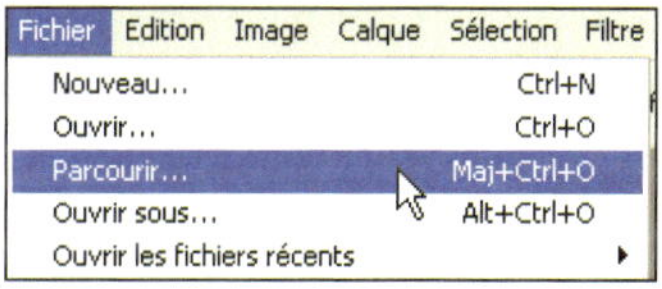

L'Explorateur de fichiers s'affiche. Il est à lui seul une application de visualisation d'images, très pratique pour organiser une photothèque !

La première zone située en haut à gauche est identifiée par un onglet **Dossiers**. Il vous permet de naviguer à l'intérieur des dossiers de votre ordinateur.

2 Pour voir les dossiers présents à l'intérieur des dossiers, cliquez sur le petit signe + situé à côté du dossier en question.

3 Pour accéder au contenu du dossier, cliquez tout simplement dessus.

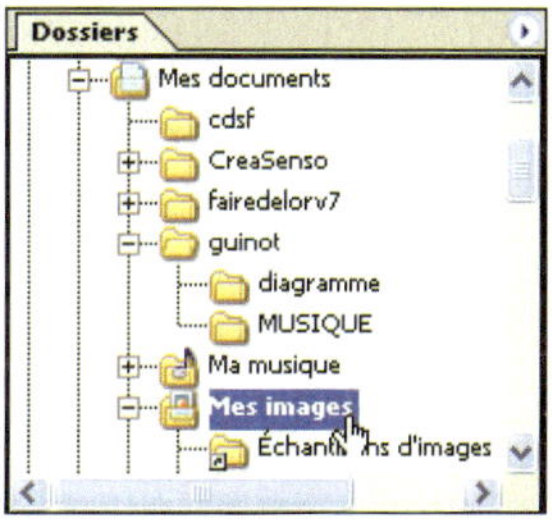

Les miniatures des images qu'il contient s'affichent dans la partie principale.

Dans la partie principale, située juste sur la droite, vous pouvez visualiser les images que contient le dossier que vous avez sélectionné.

4 Cliquez sur l'une de vos images.

Lorsque vous avez cliqué sur une image dans la zone principale, une vignette s'affiche sur la gauche, dans l'onglet **Aperçu**. Elle vous permet de voir quelle image vous avez sélectionnée.

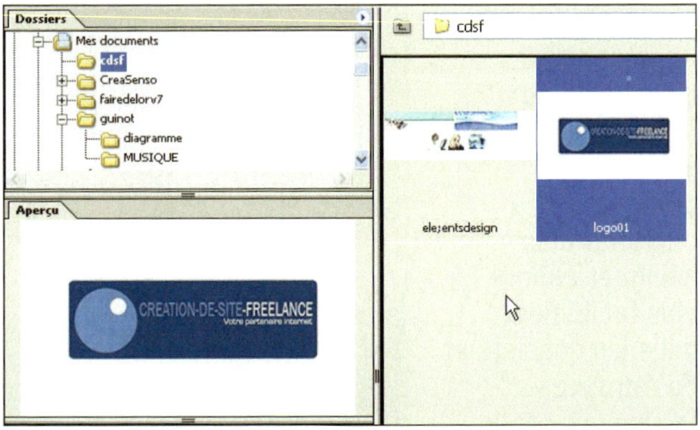

La dernière zone importante de l'interface est la partie située en bas à gauche. Il s'agit des deux onglets **Métadonnées** et **Mots-clés**. Les informations qui y sont indiquées sont très détaillées. La gestion des images par mots-clés est impressionnante du point de vue de l'ergonomie. Elle permet d'attribuer une série de mots-clés à chaque image de votre photothèque. Il vous est ensuite possible de ranger vos photos par mots-clés. Cette fonctionnalité est détaillée dans la deuxième partie de cet ouvrage dans une fiche pratique.

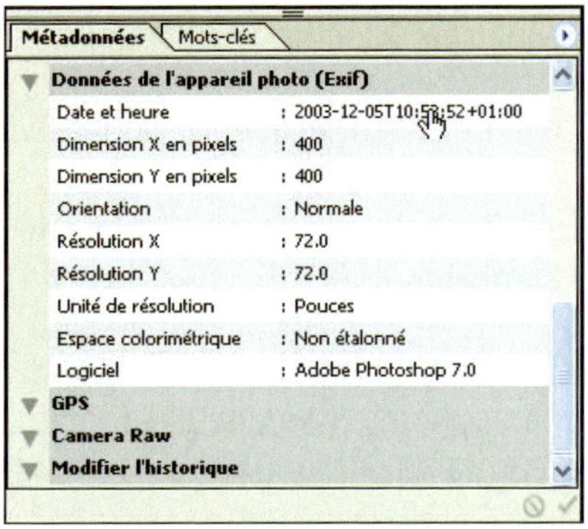

Pour ouvrir une image à partir de l'Explorateur de Photoshop, vous pouvez procéder de deux manières, comme dans l'Explorateur Windows.

- Double-cliquez simplement sur la vignette.
- Glissez et déposez le fichier depuis l'explorateur jusqu'à la zone de travail de Photoshop. Pour cela, cliquez sur une vignette et maintenez le bouton de la souris enfoncé. Déplacez la vignette jusqu'à l'aire de travail de Photoshop. Relâchez le bouton. L'image est ouverte et vous pouvez continuer à explorer vos dossiers.

Lorsque toutes les images que vous recherchez sont ouvertes, vous pouvez fermer l'Explorateur en cliquant sur la croix rouge en haut à gauche.

À partir *d'un scanneur*

Les scanneurs sont livrés avec un logiciel d'importation d'image. Il est possible, depuis Photoshop, d'y accéder facilement. Nous allons prendre l'exemple du scanneur classique, il s'agit du modèle HP Scanjet 4470c. La procédure est la même pour tous les scanneurs.

1 Cliquez sur **Fichier/Importation/HP PrecisionScan Pro 3.1**.

Le module d'importation s'ouvre alors.

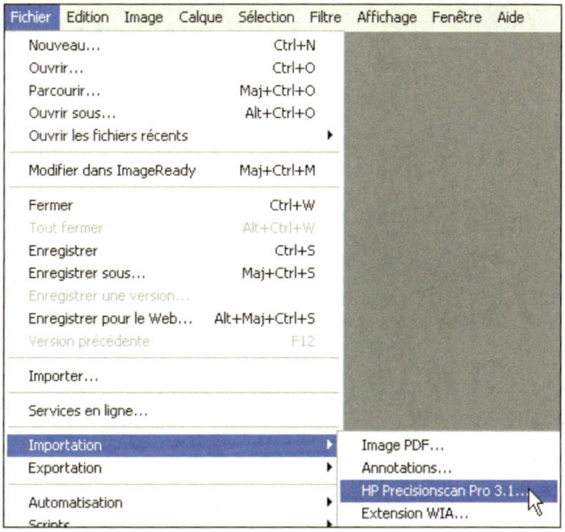

2 Effectuez les réglages nécessaires de recadrage, de résolution et de couleurs comme indiqué dans la notice du scanneur et cliquez sur **Fichier/Renvoyer l'image à Photoshop**.

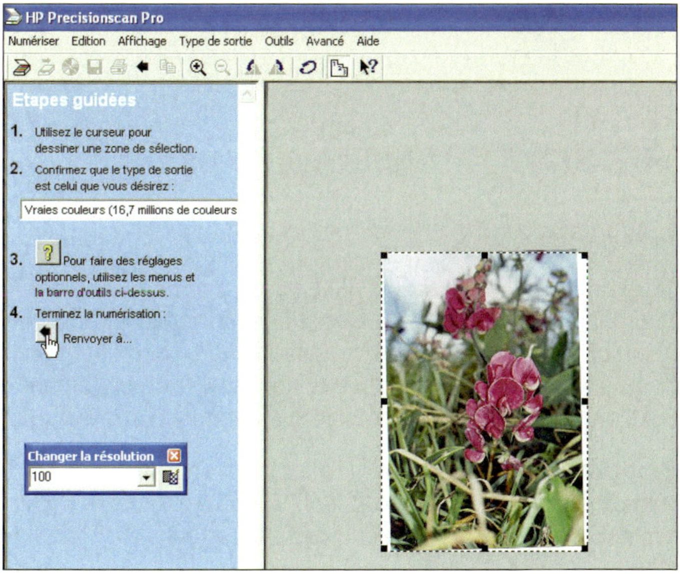

Votre image est alors ouverte dans un nouveau document de Photoshop. Nous verrons au chapitre suivant comment traiter rapidement l'image pour lui donner plus de clarté, et surtout, pour la redresser !

À partir *d'un autre logiciel*

L'Explorateur Windows

L'Explorateur de fichiers de Windows permet de retrouver les fichiers image. Pour les ouvrir, un simple glisser-déposer depuis la fenêtre de l'Explorateur jusqu'au plan de travail de Photoshop suffit. Cette méthode implique que Photoshop soit déjà ouvert. Cette méthode est exactement la même qu'avec l'Explorateur intégré de Photoshop que nous avons évoqué plus haut.

Par défaut, si votre fichier image n'est pas au format Photoshop, lorsque vous double-cliquez dessus dans l'Explorateur Windows, l'image s'ouvre dans le visionneur Windows. Une astuce permet d'ouvrir les images directement dans Photoshop.

1 Ouvrez l'Explorateur Windows et sélectionnez le dossier renfermant vos images.

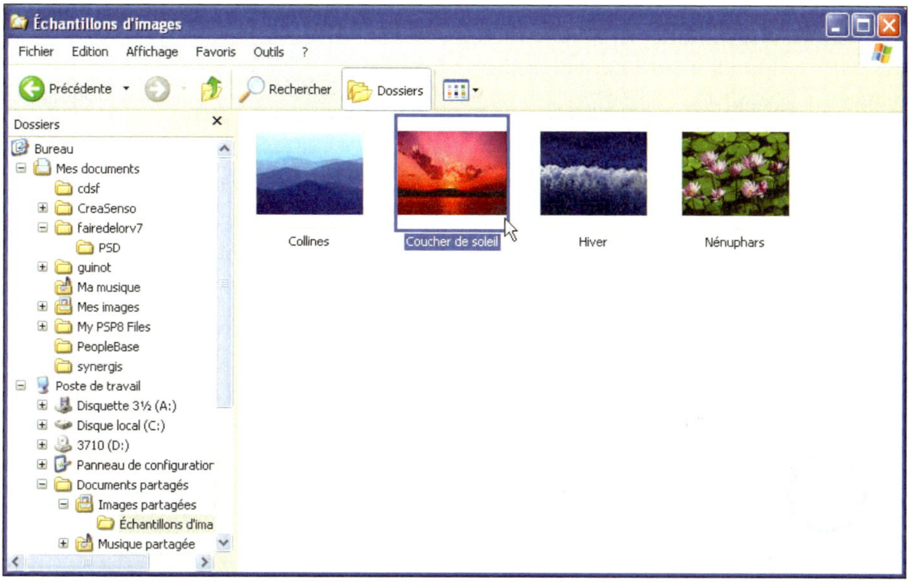

2 Cliquez avec le bouton droit de la souris sur le fichier image que vous désirez ouvrir. Dans le menu déroulant, sélectionnez **Propriétés**.

3 Dans la fenêtre qui s'ouvre, cliquez sur le bouton **Modifier**.

Dans cette nouvelle fenêtre, vous accédez à une liste sur laquelle figure l'entrée *Photoshop*.

4 Sélectionnez *Photoshop* et validez en cliquant sur le bouton OK.

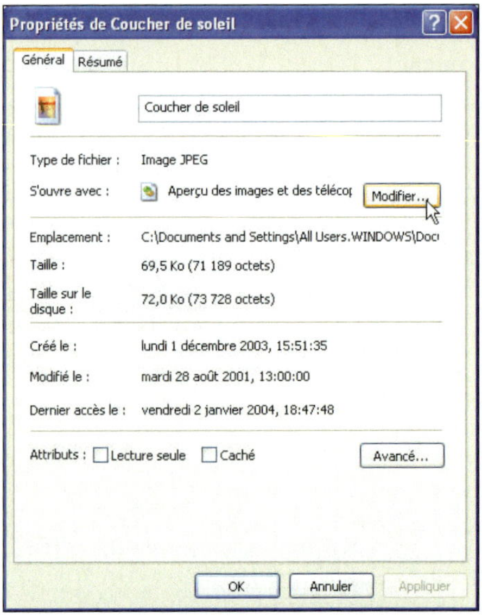

Dorénavant, à chaque double clic sur un fichier de ce type (dans l'exemple, une image JPEG), Photoshop sera lancé et l'image automatiquement ouverte.

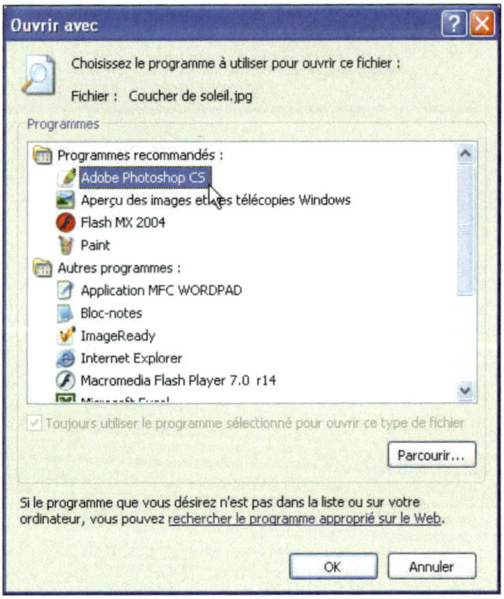

Ouvrir plusieurs fichiers en même temps

Pour sélectionner plusieurs fichiers, sélectionnez-les en maintenant la touche Ctrl enfoncée. Ouvrez-les comme vous le faites d'habitude.

Cette astuce est applicable aussi bien dans l'Explorateur Windows que dans l'Explorateur Photoshop.

Le navigateur web

Sur le Web, plusieurs sites proposent des images et des éléments graphiques gratuitement. Assurez-vous avant d'utiliser une image que vous en avez bien le droit et que vous respectez bien les conditions de l'auteur !

Pour les importer directement dans Photoshop, la technique du glisser-déposer est bien appropriée.

1 Ouvrez Photoshop et votre navigateur web côte à côte.

2 Choisissez un élément et cliquez dessus en maintenant le bouton de la souris enfoncé.

3 Glissez-le jusqu'au plan de travail de Photoshop et relâchez le bouton.

Votre image est ouverte !

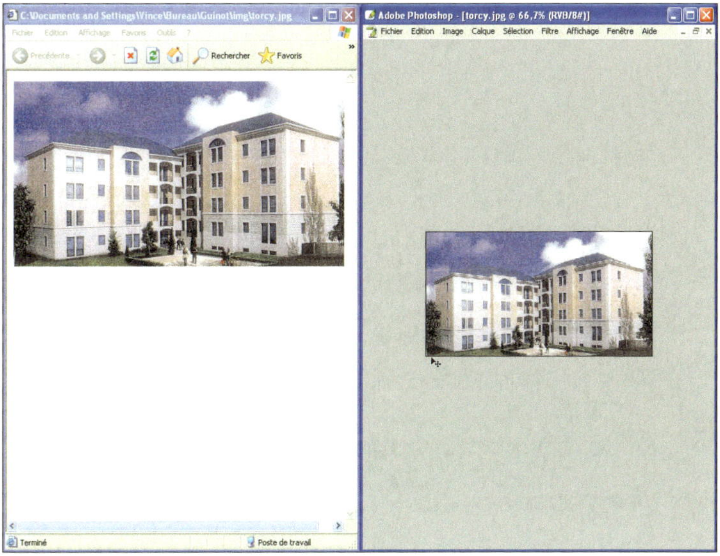

Créer un nouveau document

Créer un nouveau document vide est très utile. Il vous sera possible d'y glisser plusieurs éléments graphiques, par exemple plusieurs photographies pour faire un montage, ou de créer des éléments comme des boutons ou des interfaces pour votre site Internet.

1 Pour créer un document vierge, déroulez le menu **Fichier** et cliquez sur **Nouveau** ou utilisez la combinaison de touches Ctrl+N.

2 Dans la fenêtre qui s'ouvre, donnez un nom à votre document. Précisez ensuite la taille de votre image, sa résolution et le mode de couleur. Pour une utilisation écran, choisissez 72 pixels par pouce et le mode RVB.

Nous reviendrons sur ces caractéristiques dans le paragraphe suivant.

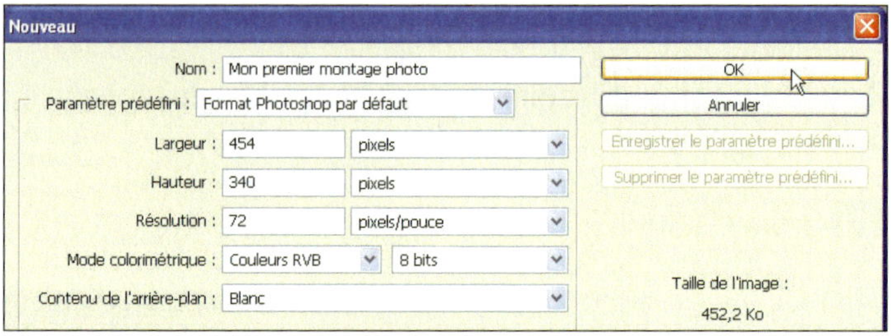

3 Déterminez ensuite la couleur de fond de votre document. Trois choix vous sont proposés.

- *Blanc* : le fond du document sera blanc.
- *Couleur d'arrière-plan* : le fond du document aura la couleur d'arrière-plan définie dans la boîte à outil.
- *Transparent* : le fond du document sera un damier gris et blanc, symbolisant une transparence.

4 Validez en cliquant sur le bouton OK.

Taille, résolution et mode de couleur

Lors de la création d'un document, plusieurs caractéristiques de l'image vous sont demandées.

- La taille de l'image représente ses dimensions en hauteur et en largeur. Vous pouvez les entrer dans différentes unités (pixel, pouce, centimètre, millimètre...). Pour une utilisation sur écran, l'unité de référence est le pixel. Si le document est destiné à l'impression, préférez les millimètres, les centimètres ou les pouces.
- La résolution d'un document peut être assimilée à la quantité d'informations contenues dans ce dernier. Elle est généralement exprimée en nombre de points ou de pixels par unité de longueur. Pour des documents destinés à un affichage sur écran (utilisation web par exemple), une résolution de 72 pixels par pouce suffit pour l'impression, une résolution de 300 pixels par pouce vous garantira une bonne qualité d'image.
- Le mode de couleur définit la manière dont seront séparées les couleurs. En effet, les couleurs d'une image sont créées à partir de couleurs primaires : le

rouge, le vert et le bleu (RVB) dans un système de couleurs additives, ou le cyan, le magenta, le jaune et le noir (CMJN) dans un système soustractif. Vous pouvez donc choisir de travailler selon le mode qui vous convient. Le mode RVB est bien adapté à une utilisation personnelle ou au Web. Les imprimeurs, quant à eux, travaillent avec les quatre couleurs du mode CMJN.

Enregistrer une image

Sauvegarder son travail est primordial, différentes solutions vont s'offrir à vous. Il vous faudra choisir le bon format de fichier en fonction de l'utilisation que vous voulez faire de votre image.

- Lorsque vous activez la commande **Enregistrer** du menu **Fichier**, vous n'intervenez pas sur le format du fichier. Il reste le même qu'à l'ouverture de ce dernier.
- La commande **Enregistrer sous...** est bien plus intéressante. Vous devez choisir le format d'enregistrement vous-même.
- La commande **Enregistrer pour le Web...** permet d'optimiser ses images, c'est-à-dire d'obtenir un excellent rapport qualité/taille de fichier.

Nous reviendrons sur ces problèmes d'optimisation au cours du chapitre dédié au design web.

Le format d'une image

Une image peut être enregistrée de différentes manières. Selon le format de sauvegarde, différentes informations pourront être perdues, ce qui peut influer sur le rendu de l'image. Un seul format préserve toutes les informations des documents Photoshop : le format *.psd*. Utilisez-le autant que possible, mais sachez qu'il présente quelques inconvénients. Il génère notamment des fichiers assez lourds qui ne peuvent pas être exploités sur Internet.

Pour sauvegarder votre travail sous un format donné, procédez ainsi :

1 Activez la commande **Enregistrer sous...** dans le menu **Fichier**.

2 Dans la fenêtre qui s'ouvre, choisissez le dossier dans lequel vous désirez stocker votre image. En dessous, dans le champ de formulaire approprié, indiquez le nom que vous voulez lui donner. Choisissez le format Photoshop (**.psd, *.pdd*) et enregistrez.

Quel format *pour quelle utilisation ?*

- *.psd* : le format Photoshop vous permet de garder votre travail tel que vous l'avez laissé et de le reprendre par la suite. Il est indispensable de conserver un fichier dans ce format pour pouvoir revenir par la suite sur vos travaux. L'inconvénient est qu'il génère des fichiers assez lourds qui ne peuvent pas être utilisés sur un site web. Il est donc préférable, lorsque vous avez achevé votre travail sur un document, de choisir un autre format, plus approprié à l'utilisation que vous voulez en faire.
- *.jpg* : ce format d'image est très connu et très utilisé sur Internet. Il permet de diminuer la taille d'un fichier image grâce à la compression des données. Quand la compression est importante, la taille du fichier est considérablement réduite, malheureusement au détriment de la qualité finale de l'image. Ce format convient très bien à la diffusion des photographies sur le Web. Il est également très répandu en qualité optimale par les appareils photographiques numériques. Les fichiers créés présentent une très bonne qualité pour une taille de fichier raisonnable.
- *.gif* : cet autre format est également très utilisé en ligne. Il permet aussi de diminuer la taille des images. Le poids des fichiers est proportionnel au nombre de couleurs présentes dans un document. Moins il y a de couleurs, plus votre fichier sera petit. Ce format est peu adapté aux photographies qui contiennent des dégradés de couleurs. Pour les illustrations, il peut se révéler idéal. L'un de ses atouts est qu'il permet la prise en charge des images animées et des images à fond transparent.
- *.png* : ce format peut être lu par la plupart des navigateurs web. Il génère des fichiers plutôt lourds, mais la qualité des images est excellente. Ce format permet d'obtenir des images gérant la transparence. Il est très bien adapté pour transférer des images de haute qualité vers le logiciel de création d'animation Macromedia Flash.
- *.tif* : plus question ici de diminuer la taille des fichiers. Le format *.tif* garde une qualité excellente à toutes les images.
- *.pdf* : ce format est le format utilisé par les professionnels de la mise en page et de l'impression. Il permet d'obtenir des fichiers imprimables et visualisables par tous les acteurs d'un projet de création. Son utilisation dans un cadre personnel est plutôt minime.
- *.bmp* : si vous utilisez le système d'exploitation Windows, vous avez peut-être déjà rencontré ce format de fichier, pour les images d'arrière-plan du Bureau

par exemple. Ce format garde une excellente qualité d'image, mais il génère des fichiers assez lourds. Utilisez-le si vous voulez personnaliser votre Bureau Windows ou votre Explorateur. Sinon, préférez-lui le format *.tif* ou *.jpg*.

La qualité *d'une image numérique*

Il n'est pas question ici de discuter de la valeur esthétique d'une image. La qualité d'une photographie s'évalue de manière technique pour son affichage ou pour son impression. Photoshop est un logiciel de traitement d'images dites bitmap. Cela signifie que les images sont traitées **pixel** par pixel (par opposition à certains logiciels de traitement d'images vectorielles qui traitent les images et les formes grâce à des calculs).

Pixel

Dans une image numérique, les formes, les surfaces, les dégradés sont formés par une juxtaposition de points. Chaque point dispose donc de ses propres caractéristiques de position et de couleur. En revanche, ils ont tous la même dimension. Ces points sont appelés « pixels ». Le pixel est la plus petite partie visuelle indivisible de l'image.

La taille

Les dimensions d'une image numérique s'expriment en nombre de pixels. Pour pouvoir contrôler ces valeurs, vous devez ouvrir la fenêtre appropriée.

1 Ouvrez une image dans Photoshop. Dans le menu **Image**, sélectionnez **Taille de l'image**.

2 Dans la fenêtre qui s'ouvre, il vous est possible de redimensionner votre image. Sous la rubrique *Dimensions de pixel*, modifiez la largeur.

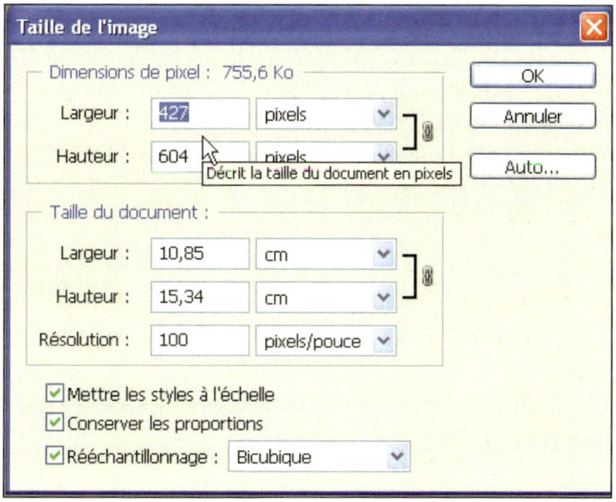

La longueur varie automatiquement en fonction de la nouvelle valeur que vous entrez. Cela permet d'avoir un document aux proportions équilibrées.

3 Pour désactiver cette option, décochez la case *Conserver les proportions.*

4 Cliquez sur OK.

Votre image est redimensionnée au pixel près.

La résolution

Si vous avez expérimenté des valeurs très grandes dans les champs dédiés aux dimensions, vous avez dû constater que, si vous agrandissez trop l'image, des petits carrés ont tendance à apparaître.

En effet, vous ne pouvez pas augmenter indéfiniment la taille d'une image. Le taux d'agrandissement dépend de sa résolution d'origine.

De plus, si l'image semble de très bonne qualité à l'écran, à l'impression, elle peut présenter ces fameux carrés inesthétiques. C'est pourquoi il est nécessaire de choisir la **résolution** en fonction de son utilisation.

Résolution

La résolution d'une image représente le nombre de pixels qu'elle contient pour une taille d'image précise. Plus le nombre de pixels est élevé, plus la résolution est importante et meilleure est la qualité de l'image. En revanche, une résolution élevée génère des fichiers volumineux. À vous d'apprécier si vous préférez un fichier volumineux avec une résolution haute (idéal pour l'impression) ou un fichier plus léger avec une résolution moindre (parfait pour une publication sur Internet)

La résolution s'exprime en général en pixels par pouces, en dpi (dot per inch) ou encore en pixels par centimètre. Nous utilisons dans cet ouvrage, la mesure anglo-saxonne du pouce.

Le tableau suivant vous propose les valeurs de résolution correspondant le mieux à l'utilisation envisagée.

Les résolutions en fonction des utilisations	
Résolution (en pixels par pouce)	**Utilisation**
72	Internet, écran
150	Impression rapide, qualité moyenne
300	Impression professionnelle
Plus de 300	Agrandissements et photographies nécessitant beaucoup de détails

« Qui peut le plus, peut le moins »

Une image de résolution 300 pixels par pouce pourra être utilisée sur Internet. Toutefois, cela n'apportera rien de plus qu'une résolution à 72 pixels par pouce, sinon que le fichier sera plus lourd et donc plus long à afficher...

1 Pour choisir la résolution de votre image, affichez la fenêtre **Taille de l'image** à partir du menu **Image**.

2 Tapez ensuite la résolution que vous avez choisie. Validez en cliquant sur OK.

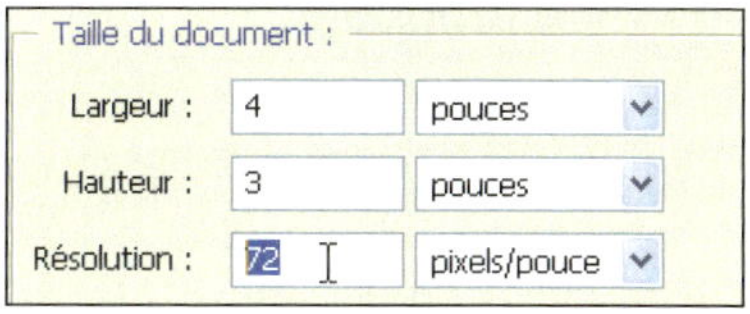

Notez qu'il n'est pas possible d'augmenter à volonté la résolution d'une image sans une perte significative de qualité (cette perte de qualité est communément appelée « pixellisation »).

Ainsi, lorsque vous importez une image, prenez soin de préciser une résolution appropriée. Une photographie de 10 cm x 15 cm, numérisée à 72 pixels par pouce ne contiendra pas assez d'informations pour être imprimée à la même taille et avec la même qualité que l'original... Pour cela, il faut la scanner à 300 pixels par pouce.

Chapitre 2

Améliorer
ses images

Nul photographe n'est parfait. Vos images peuvent présenter quelques mauvais réglages lors de la prise de vue, un cadrage approximatif, sans parler d'un tirage qui laisse à désirer, d'une mauvaise conservation du tirage ou d'un réglage peu précis du scanneur… il existe mille et une causes de détérioration d'une photographie ou d'une image numérique.

Heureusement, Photoshop est là et vous permet, en quelques minutes, de redonner à vos images le tonus dont elles ont besoin.

Ce chapitre va vous permettre de maîtriser les opérations de base pour intervenir sur une image numérisée qui mériterait un meilleur résultat. Pour cela, vous allez devoir redresser, recadrer, régler les niveaux, la luminosité, le contraste, la couleur et la netteté de votre image.

Procurez-vous l'image *fleur00.jpg* utilisée dans cet exercice sur le site www.microapp.com.

Redresser une image

Il est préférable, lors de la numérisation, de bien placer le document sur le scanneur. Le meilleur endroit où placer une image est le centre du scanneur. De cette manière, les bords qui pourraient laisser pénétrer de la lumière (et donc altérer l'image numérisée) sont évités. Mais lorsqu'on place la photographie au milieu de la surface scannée, il est difficile de la placer parallèlement aux bords. Malgré vos efforts, le tirage bougera légèrement. Vous obtenez alors une image numérique dont la ligne d'horizon n'est plus perpendiculaire aux bords verticaux.

Photoshop possède un outil adapté très pratique et peu connu pour redresser ses images : l'outil **Mesure**.

1 Dans la boîte à outils, cliquez avec le bouton droit de votre souris sur la **Pipette**, et choisissez l'outil **Mesure** dans le menu déroulant.

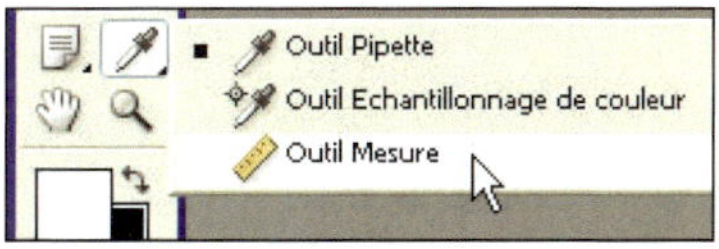

2 Cliquez sur l'un des angles de l'image et maintenez le bouton de la souris enfoncé. Longez le bord de la photographie et relâchez le bouton.

3 Dans le menu **Image**, sélectionnez la commande **Rotation de la zone de travail**, puis la commande **Paramétrée**.

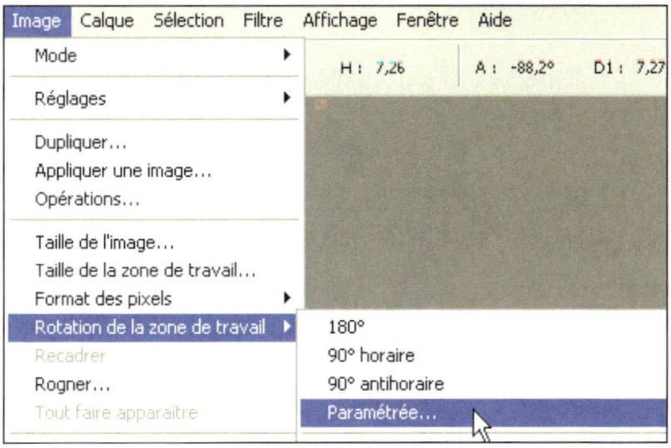

Photoshop va calculer automatiquement la rotation à appliquer pour que le trait que vous avez tracé avec l'outil **Mesure** se place perpendiculairement aux bords du document. Dans la fenêtre affichée, les champs sont déjà remplis.

4 Validez en cliquant sur OK.

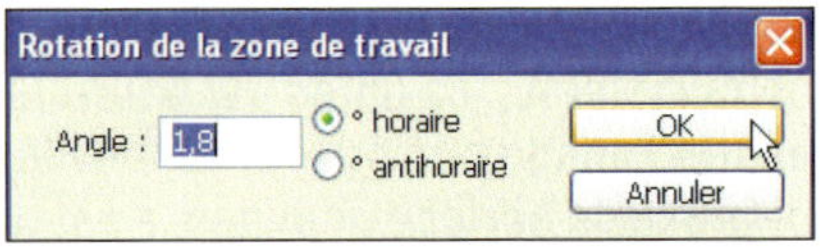

L'image est alors redressée, mais elle présente un bord de couleur peu esthétique. Aucun problème, vous allez la recadrer légèrement.

Recadrer une image

Photoshop possède un outil spécifique pour le recadrage.

1 Cliquez sur l'outil **Recadrage** ou utilisez la touche C de votre clavier.

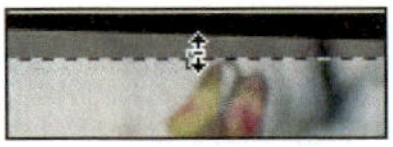

2 Placez le pointeur dans l'angle de l'image et cliquez sur le bouton de la souris en le maintenant enfoncé.

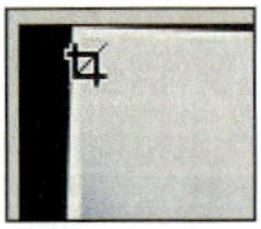

3 Déplacez-vous jusqu'à l'angle opposé et relâchez le bouton.

Un cadre en pointillé se forme tout autour de la partie sélectionnée et le pointeur prend la forme d'une double flèche.

Le cadre en pointillé représente la partie que vous allez garder après le recadrage. Vous pouvez encore la modifier en plaçant le pointeur sur les poignées carrées situées sur le cadre.

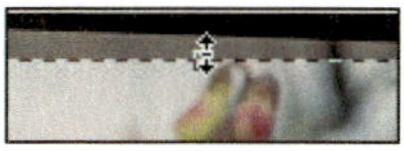

4 Cliquez en maintenant le bouton de la souris enfoncé lors du déplacement et relâchez le bouton lorsque vous jugez que la position du cadre est correcte.

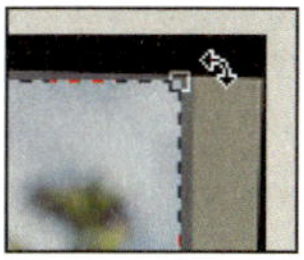

Il est encore possible de recadrer en ajustant la rotation de l'image si elle n'est pas tout à fait telle que vous l'attendez. En plaçant le pointeur à proximité des angles du cadre, ils changent de forme. Cela indique qu'il est possible d'effectuer une rotation en même temps que le recadrage. La marche à suivre est la même qu'avec les autres poignées.

5 Pour valider, vous avez trois possibilités équivalentes : double-cliquez dans votre image, pressez la touche [Entrée] ou cliquez sur le bouton de validation dans la barre des informations situées en haut de l'espace de travail. Pour annuler le recadrage, placez-vous sur le cadre et cliquez avec le bouton droit de la souris. Dans le menu contextuel, sélectionnez **Annuler**. Vous pouvez également cliquer sur le bouton d'annulation dans la barre des paramètres.

Vous obtenez le résultat suivant.

Le recadrage facile

Lorsque vous utilisez l'outil **Recadrage**, certaines touches du clavier peuvent vous être bien utiles. Ainsi, pour redimensionner le cadre et conserver ses proportions, cliquez et déplacez-vous en maintenant la touche [Maj] enfoncée. De la même manière, la touche [Alt] permet de centrer le cadre et la touche [Ctrl] de travailler avec une plus grande précision. Ces trois touches sont également utiles pour plusieurs outils que vous utiliserez plus loin dans cet ouvrage. Il n'existe qu'une façon de se familiariser avec ces options : les essayer !

Réglages automatiques

Votre image étant cadrée convenablement, vous allez pouvoir vous concentrer sur ses couleurs. Photoshop possède plusieurs outils pour cela ; vous utiliserez l'un plutôt que l'autre selon que vous êtes pressé ou que vous avez le temps de peaufiner les réglages de manière très précise.

Niveaux automatiques

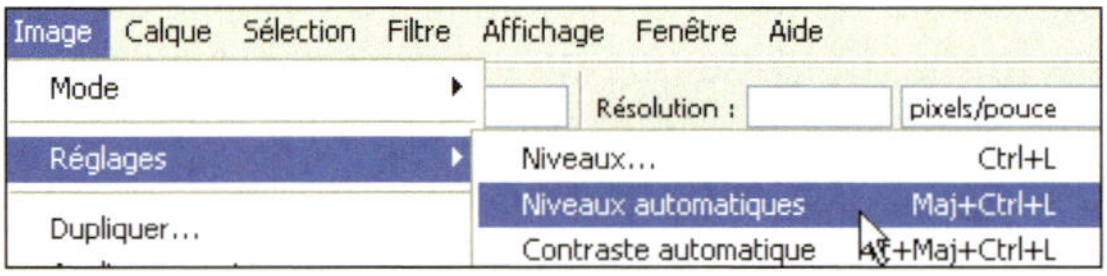

Très efficace et très rapide, la commande **Niveaux automatiques** vous permet d'améliorer de manière significative le rendu de votre image. Cette fonction permet de corriger rapidement les teintes et les couleurs d'une image. Elle est accessible par le menu **Image/Réglages**.

Vous obtenez le résultat suivant.

Certaines images ne se prêtent pas à cette fonction et nécessitent que le contraste et la couleur soient corrigés indépendamment. C'est le cas par exemple d'une image présentant une dominante de couleur bien précise ou exigeant qu'un fort contraste soit préservé dans une zone claire.

Contraste automatique

Reprenez votre image avant la correction par les niveaux automatiques. Photoshop peut ajuster son contraste automatiquement, c'est-à-dire que la gamme des teintes sera élargie. Les teintes foncées seront plus foncées et les teintes claires plus claires. Cette fonctionnalité est accessible par le menu **Image/Réglages/Contraste automatique**.

Seul le contraste est affecté ici. Sur bon nombre d'images, cette opération suffit à en améliorer la qualité.

Il est possible de modifier la couleur de l'image pour corriger une dominante de couleur disgracieuse. Généralement, ces teintes de couleur gênantes sont produites lorsque la scène de la photographie est éclairée artificiellement par une lampe de salon ou un néon.

Couleur automatique

Pour corriger les dominantes de couleur peu esthétiques d'une image, Photoshop propose une commande très pratique : **Couleur automatique**. Cette commande ne cherche pas à effectuer les corrections dans les différentes couches de couleurs, mais directement dans l'image. Si le contraste a été réglé séparément, elle donne des résultats excellents.

Vous y accédez par le menu **Image/Réglages**.

Les couleurs se rééquilibrent automatiquement.

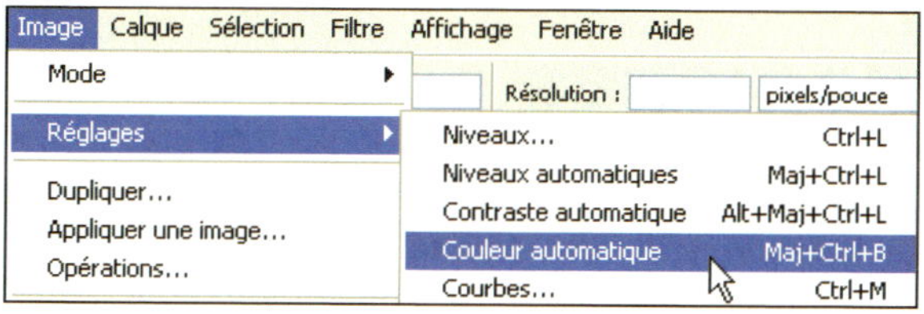

Augmenter *la netteté*

Lorsque la couleur et le contraste vous conviennent, il peut être intéressant de corriger la netteté. Même si votre image n'est pas floue à première vue, elle peut gagner en qualité si vous lui appliquez un filtre de netteté. Vous pouvez utiliser le filtre de netteté sur la quasi-totalité de vos photos. Elles n'en seront que plus éclatantes lors de l'impression. Dans le menu **Filtres**, choisissez le sous-menu **Renforcement**, puis le filtre *Plus net*.

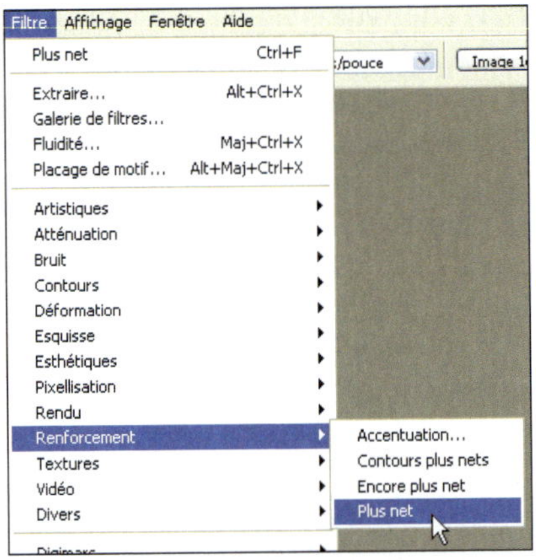

Et voilà une belle image bien nette ! Pour juger du résultat, n'hésitez pas à zoomer sur les contours d'un objet ou d'un personnage. La délimitation est maintenant bien marquée.

Réglages manuels

C'est avec l'habitude que vous arriverez à savoir s'il faut améliorer le contraste ou les couleurs. Vous pourrez alors intervenir sur chacun des paramètres de l'image, et les reprendre manuellement un à un.

La luminosité et le contraste

Reprenez votre image telle qu'elle était juste après le recadrage. Elle présente un aspect brumeux dû à une luminosité et à un contraste trop faibles.

1 Dans le menu **Image**, sélectionnez **Réglages**, puis **Luminosité/Contraste**.

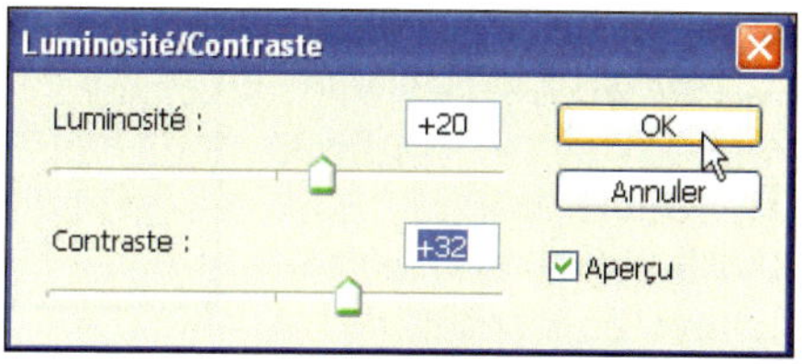

2 Dans la boîte de dialogue qui s'ouvre, cochez la case *Aperçu* et déplacez les curseurs *Luminosité* et *Contraste*.

Vous pouvez juger en temps réel de la pertinence de vos réglages en gardant un œil sur l'image.

Ici, la luminosité a été augmentée, ainsi que le contraste global.

Contrôler au mieux les réglages

Si vous trouvez que la manipulation des curseurs de réglage est trop fastidieuse, entrez directement des valeurs numériques dans les champs appropriés : cliquez sur le champ et tapez la valeur souhaitée.

Les couleurs

Les couleurs peuvent aussi être modifiées manuellement. La modification d'une teinte de l'image peut être nécessaire pour corriger une teinte globale de l'image, ou ce peut être un choix esthétique de votre part.

1 Pour corriger ces petits défauts, déroulez le menu **Image**, sélectionnez **Réglages**, puis **Balance des couleurs**.

2 Dans la fenêtre qui s'ouvre, cochez la case *Aperçu* pour voir en temps réel l'impact des réglages sur l'image et la case *Conserver la luminosité* pour ne pas modifier les valeurs de luminosité dans l'image lors de la modification des couleurs.

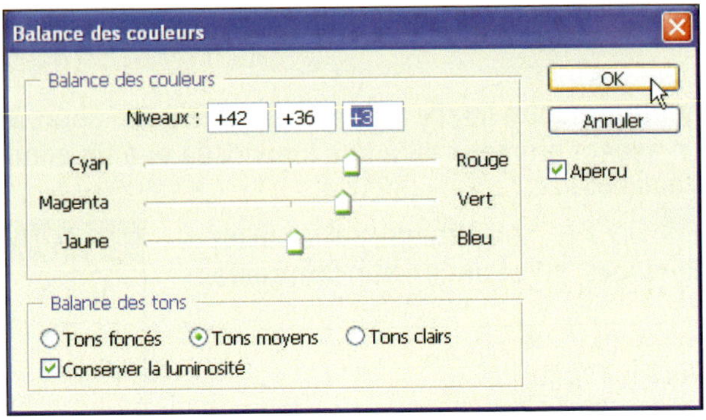

3 Choisissez si vous désirez intervenir sur les tons clairs, moyens ou foncés. Commencez par modifier les tons moyens. Si le résultat ne vous suffit pas, réglez les tons clairs puis foncés en cochant à chaque fois la case correspondante.

Saturation *et teinte des couleurs*

Vous pouvez augmenter la saturation des couleurs, ce qui aura pour effet de les souligner davantage.

1 Activez le menu **Image/Réglages/Teinte/Saturation**.

2 Augmentez légèrement la saturation. Tapez par exemple +10. Validez.

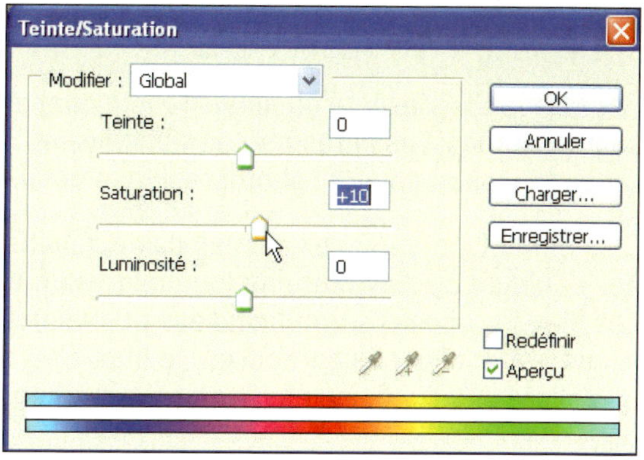

Vous obtenez une image bien nette, avec un bon contraste et une bonne luminosité. Vous allez modifier la couleur des fleurs pour les faire tendre vers le rouge.

À partir de cette même fenêtre, il est possible, de jouer sur la teinte de l'image.

1 Dans la fenêtre **Teinte/Saturation**, déplacez le curseur de teinte vers la droite.

Cela a pour effet de rougir les fleurs.

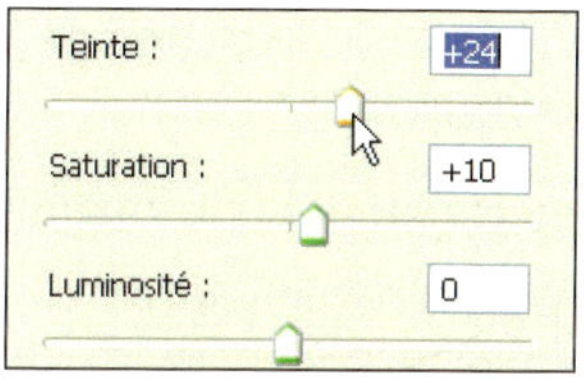

Vous pouvez expérimenter les différentes valeurs de teinte. Notez s'il est possible de voir le résultat produit directement sur l'image en cochant la case *Aperçu*. Vous pouvez également à partir de cette fenêtre, intervenir sur la luminosité de l'image si celle-ci a besoin d'être réajustée après les changements de teinte.

2 Validez en cliquant sur OK.

Les filtres *photos*

Photoshop CS présente quelques fonctionnalités auxquelles les photographes sont habituées. Les filtres photographiques qu'il est possible de fixer sur l'objectif de son appareil photographique ont ici leur équivalent numérique.

Cela permet d'obtenir des clichés d'une qualité professionnelle, de rehausser des couleurs ou d'ajouter une touche artistique à vos images. Détailler chacun des filtres proposés serait fastidieux et ne servirait pas à grand-chose. Nous allons traiter d'un cas particulier : le filtre *Sépia* qui va donner à votre image une allure de cliché ancien. À vous d'expérimenter les autres filtres photo !

1 Choisissez une image qui vous convient en termes de contraste, de luminosité et de couleur.

Vous pouvez utiliser l'image *fleur01.jpg* disponible sur le site www.microapp.com.

2 Dans le menu **Image**, sélectionnez **Réglages**, puis **Désaturation**. Les couleurs disparaissent.

Vous obtenez une image en noir et blanc.

3 Augmentez légèrement la luminosité et le contraste de l'image pour obtenir un effet plus marqué.

Nous avons utilisé pour l'exemple, une augmentation de +10 pour la luminosité et le contraste.

4 Affichez la palette *Calques* via la commande **Fenêtres/Calques**.

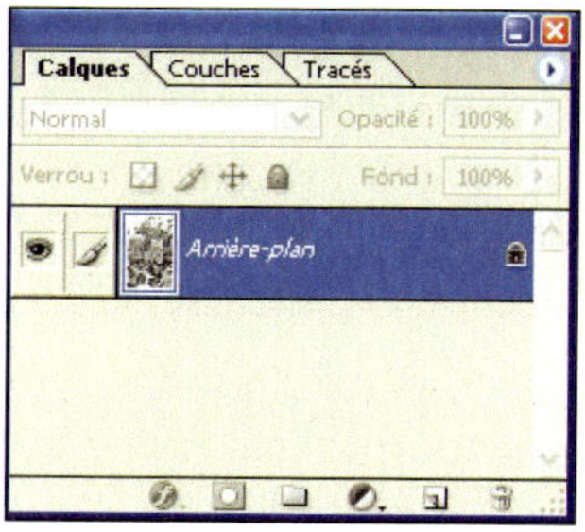

5 Cliquez sur l'icône *Création de calque de réglage*.

6 Dans le menu qui apparaît, sélectionnez la commande **Filtre photo...**.

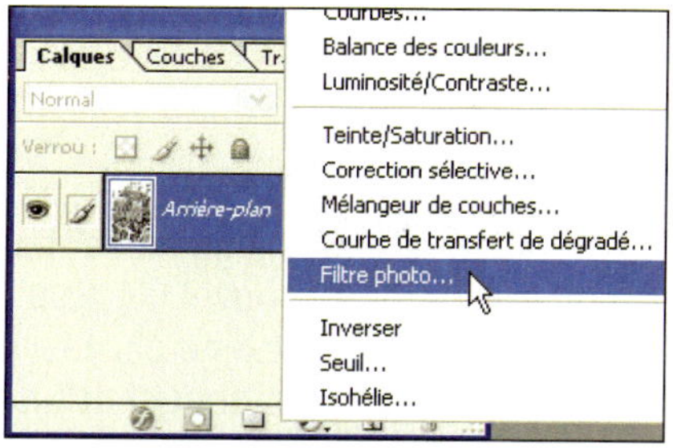

La fenêtre de réglages du filtre photographique s'ouvre.

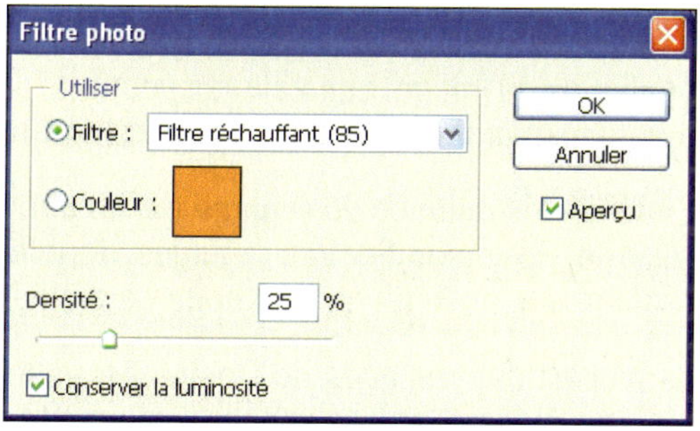

7 Sur la liste déroulante *Filtre*, sélectionnez *Sépia*. Augmentez maintenant la valeur de densité du filtre en glissant le curseur vers la droite. Choisissez une valeur de 60 % pour bien apprécier le filtre sur l'image. Assurez-vous que la case *Aperçu* est bien cochée. Lorsque vous obtenez une teinte qui vous convient, validez en cliquant sur OK.

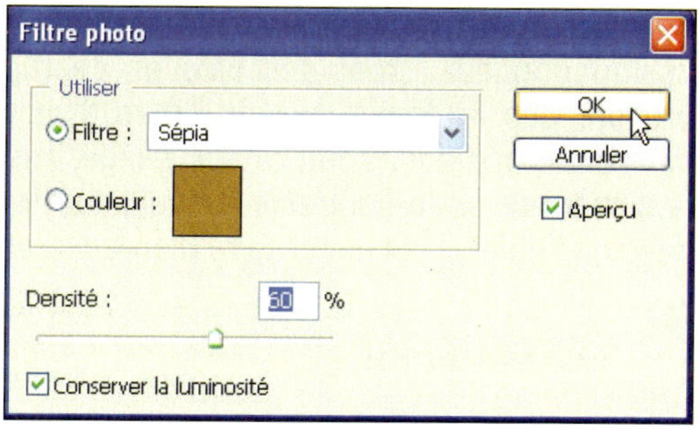

Votre image ressemble maintenant à ceci :

Votre palette *Calques* a également changé d'aspect et doit présenter un nouvel élément. Il s'agit d'un calque de réglage. Il existe plusieurs types de calques. Certains contiennent des éléments graphiques comme votre image, et d'autres sont des calques contenant les réglages que vous avez appliqués à l'image. Les calques vectoriels accueillent, quant à eux, des formes vectorielles.

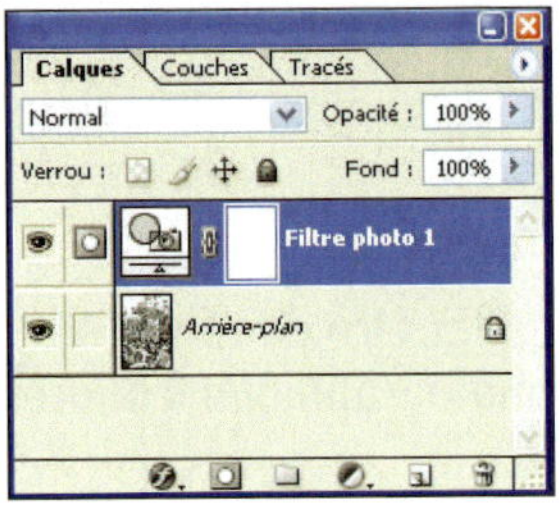

L'intérêt des calques de réglage est de pouvoir revenir à tout instant sur un réglage. Pour modifier vos réglages, double-cliquez sur la vignette du calque de réglage correspondant. Une boîte de dialogue s'ouvre alors.

La plupart des réglages de l'image peuvent être effectués grâce aux calques de réglage. Ne vous en privez pas : ils permettent non seulement de préserver l'image originale, mais également de modifier (voire de supprimer) vos réglages postérieurement. Créer des calques de réglage est une excellente habitude à prendre dès le départ car, au cours d'un projet, en fonction des filtres et des différentes opérations que subira l'image, il sera probablement nécessaire d'ajuster la luminosité ou le contraste à nouveau. Pour conserver toutes ces informations dans un fichier, il est nécessaire d'enregistrer vos images au format *.psd*.

Les variantes

La commande **Variantes**, accessible par le menu **Image/Réglages**, peut vous faciliter certains réglages de couleur. Très intuitive, cette fonction permet de visualiser en un coup d'œil les variations de couleurs les plus fréquentes. Cliquez simplement sur l'image qui vous convient !

Double usage

Il existe de nombreuses fonctions qui font double usage. Vous pouvez influer sur la luminosité, le contraste ou les couleurs à partir d'autres menus, par exemple **Niveaux** ou **Teinte/Saturation**. À vous de choisir vos propres méthodes !

Le droit à l'erreur

Lors de ces manipulations, il vous est peut-être arrivé de faire une fausse manœuvre ou de cliquer sur un mauvais bouton.

Il existe une fonction « magique » qui permet d'annuler la dernière opération. Utilisez la combinaison de touches Ctrl+Z. Toutefois, cela ne permet d'annuler qu'une seule opération.

Vous pouvez aussi revenir à n'importe quel niveau de votre travail, comme en remontant le temps en quelque sorte :

1 Affichez la palette *Historique* via le menu **Fenêtre/Historique**.

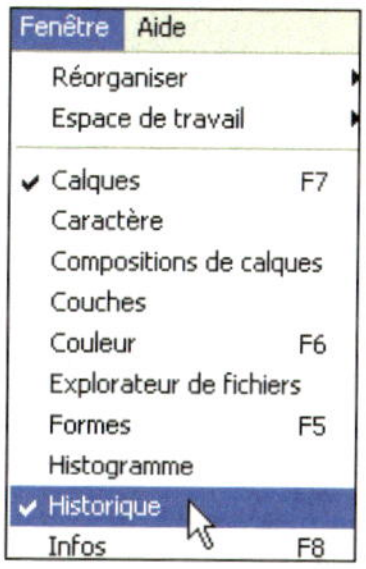

Vous avez maintenant accès à la liste de toutes les opérations que vous avez effectuées depuis l'ouverture de votre document.

2 Cliquez sur une étape.

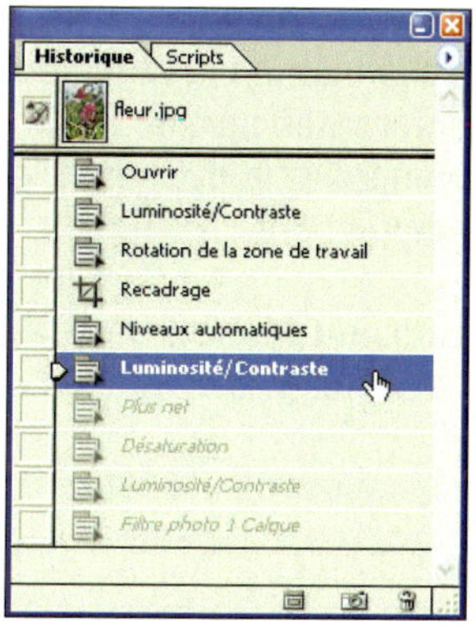

Votre image revient à l'état dans lequel elle était à cet instant-là.

Modification de l'Historique

Si vous intervenez sur un état précédent de votre document, l'Historique reprend à partir de l'endroit où vous recommencez. Toutes les opérations inscrites à la suite sont effacées.

Chapitre 3

La retouche photographique

La plupart des images publiées aujourd'hui dans les magazines et les publicités sont retouchées. Photoshop est l'outil idéal pour ce genre de travail.

Dans ce chapitre, vous allez aborder les différentes techniques de traitement d'image : détourage et correction des imperfections des objets présents sur la photographie. Ces techniques utilisent les outils de base de Photoshop et vous serviront plus tard pour tous vos travaux.

Les calques

La base de Photoshop est l'utilisation des calques. Vous avez vu au chapitre précédent qu'il existait plusieurs types de calques (images, réglages ou vectoriels notamment). Nous allons nous intéresser ici aux calques contenant des images.

Un calque Photoshop fonctionne exactement comme un papier calque : lorsqu'on superpose deux feuilles de papier calque, il est possible de dessiner sur le calque supérieur tout en voyant ce qui est dessiné sur le calque placé en dessous.

De la même manière, les calques de Photoshop permettent d'isoler les différentes parties d'une image. En superposant ces différentes parties, vous composez le document entier. L'image qui est visible est donc la résultante d'un empilement de calques.

La palette *Calques* permet de visualiser cet empilement d'objets. Vous pouvez l'afficher grâce au menu **Fenêtre/Calques**.

Vous pouvez utiliser le fichier *canard.jpg* disponible sur www.microapp.com.

À l'ouverture du document, la palette contient un seul calque nommé *Arrière-plan*.

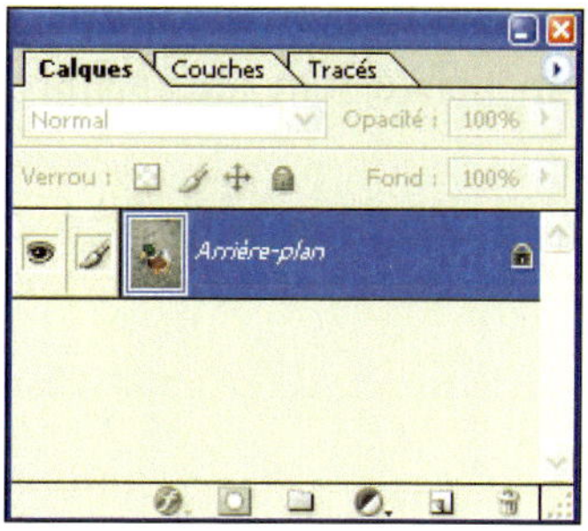

Créer un calque

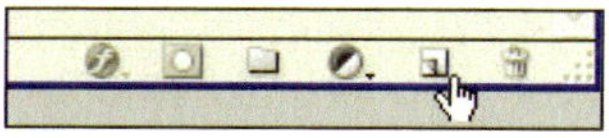

1 Pour créer un nouveau calque, utilisez le menu **Calques/Nouveau/Calque** ou cliquez sur le bouton de création de calque situé en bas de la palette.

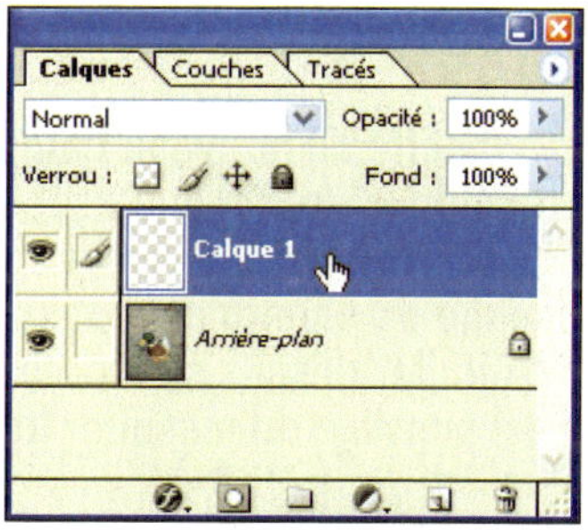

2 Pour travailler sur ce nouveau calque sans affecter l'arrière-plan, activez-le en cliquant dessus.

Il devient alors bleu dans la palette.

3 Pour modifier son nom, double-cliquez sur *Calque 1* et entrez un nouveau nom, par exemple : `Dessin`.

Masquer un calque

Les calques sont indépendants les uns des autres.

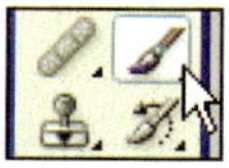

1 Sélectionnez le calque *Dessin* que vous venez de créer et choisissez l'outil **Pinceau**.

2 Coloriez votre image comme bon vous semble.

Il s'agit juste de mettre en évidence le fonctionnement des calques.

La vignette du nouveau calque est modifiée, elle présente le dessin que vous avez fait sur l'image.

L'image du canard et le dessin que vous venez d'exécuter dessus sont deux éléments indépendants. Pour s'en rendre compte, il est possible de masquer le dessin temporairement.

3 Pour cela, cliquez sur l'icône représentant un œil et située au même niveau que le calque.

Le calque disparaît, votre coloriage n'est plus visible sur l'image. Il n'a pas été supprimé, il est juste masqué.

4 Pour le faire réapparaître, cliquez sur la case vide.

Effacer *un calque*

Maintenant, il est vrai que votre dessin n'apporte a priori rien de plus à l'image. Il est possible de le supprimer. La manière la plus simple de supprimer un calque est de le mettre à la Corbeille.

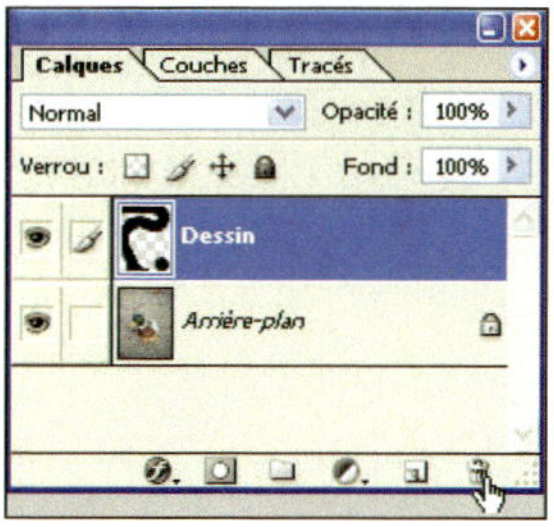

1 Cliquez sur le calque que vous désirez supprimer pour le sélectionner.

2 Gardez le bouton de la souris enfoncé et glissez le calque jusqu'à l'icône figurant la Corbeille en bas à droite de la palette. Relâchez le bouton de la souris.

Le calque est éliminé définitivement. Vous ne pouvez plus le récupérer (sauf si vous revenez en arrière dans la palette *Historique*).

Dupliquer *un calque*

Vous le verrez certainement avec l'expérience, il est souvent nécessaire de dupliquer un calque, ne serait-ce que pour préserver le calque original.

1 Sélectionnez le calque que vous voulez dupliquer en cliquant dessus et activez le menu **Calques/Dupliquer le calque**.

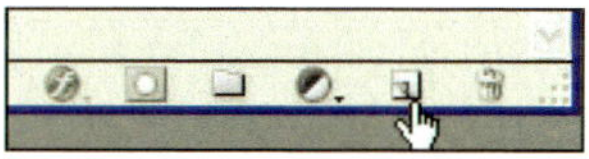

2 Vous pouvez également glisser votre calque jusqu'à l'icône *Création de calque* en bas de la palette.

Le résultat est la création d'un calque strictement identique à l'original.

Déplacer *un calque*

Les calques peuvent être placés les uns par rapport aux autres. Le principe de la pile de calques s'applique alors : le calque supérieur masque le calque inférieur. Seul le calque d'arrière-plan ne peut pas être déplacé.

Vous allez partir de l'image *canard.jpg*.

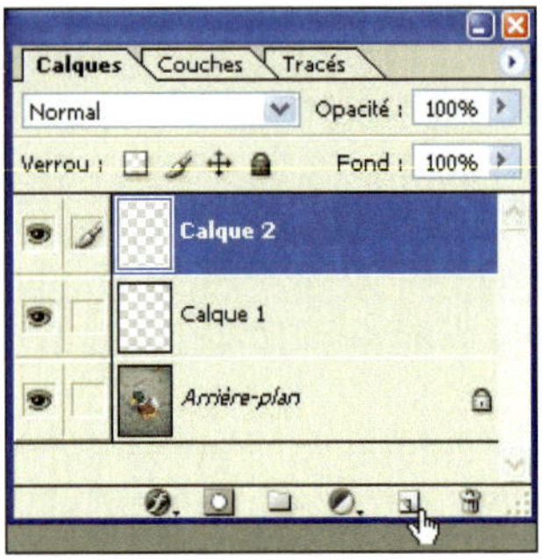

1 Créez deux nouveaux calques vides en cliquant deux fois sur l'icône *Création de calque*.

2 Cliquez sur le calque que vous souhaitez déplacer. Maintenez le bouton de la souris enfoncé pour le glisser jusqu'à la position qui vous convient dans l'empilement. Une barre noire vous aide à vérifier la position du calque. Relâchez le bouton.

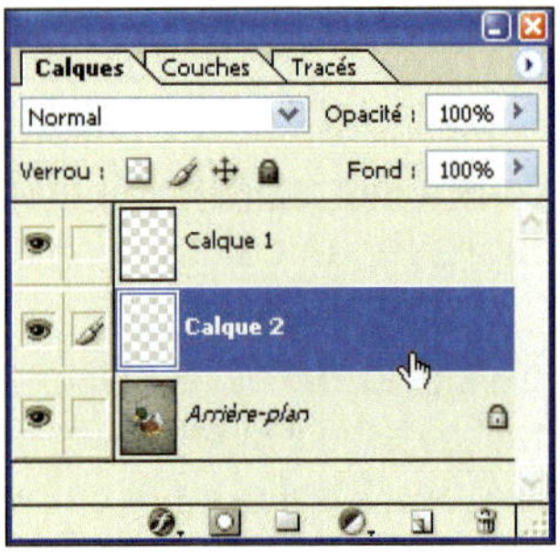

***Lier** des calques*

Il peut être intéressant, lors des manipulations, de lier des calques. Ainsi, lorsque vous déplacerez un objet, l'objet présent sur le calque qui lui est associé sera déplacé en même temps.

1 Sélectionnez un des calques que vous voulez lier en cliquant dessus dans la palette *Calques*. Repérez ensuite le calque que vous voulez associer au calque sélectionné et cliquez sur la case vide située à droite de l'icône *Œil*.

Un maillon de chaîne apparaît. Vos deux calques sont liés.

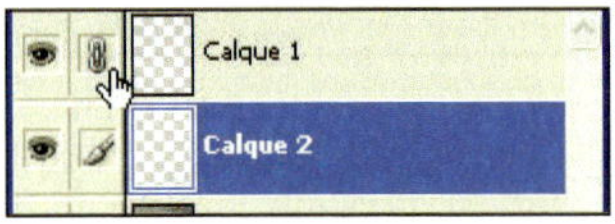

Cette liaison est réversible :

2 Cliquez sur la case du maillon de chaîne pour désassocier les calques.

Vous pouvez bien sûr lier autant de calques que vous voulez entre eux. Les liaisons de calques permettent également de fusionner entre eux certains calques pour n'en faire plus qu'un.

Repérer *ses calques*

Lorsque vous travaillez sur un projet nécessitant de nombreux calques, la palette *Calques* peut rapidement devenir votre meilleur ennemi. Combien de fois avez-vous pris le temps de nommer les calques et combien de temps avez-vous perdu à chercher un calque égaré au milieu des autres ?

Il existe une fonctionnalité pour identifier en un clin d'œil un calque ou un groupe de calques dans la palette. Il suffit de lui donner une couleur distincte.

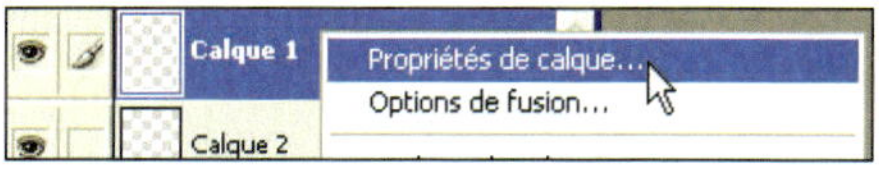

1 Pour donner une couleur à un calque afin de le repérer facilement dans la palette, placez le pointeur sur le calque désiré et cliquez avec le bouton droit de la souris. Choisissez **Propriétés de calque** dans le menu qui s'ouvre.

Dans la fenêtre, il vous est possible de nommer le calque ou, ce qui nous intéresse ici, de lui attribuer une couleur.

2 Choisissez la couleur *Rouge*.

3 Validez en cliquant sur OK.

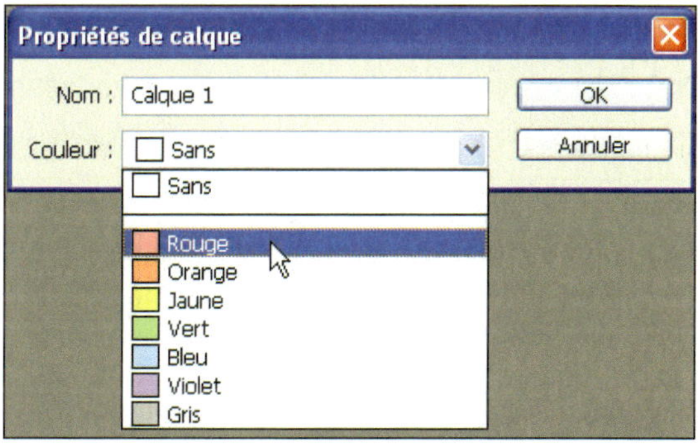

Le calque est repéré dans la palette grâce à une couleur rouge. Il est possible de modifier cette couleur en répétant l'opération. Il est également possible d'attribuer une même couleur à plusieurs calques, par exemple, vous pourrez attribuer une même couleur à tous vos calques de réglage…

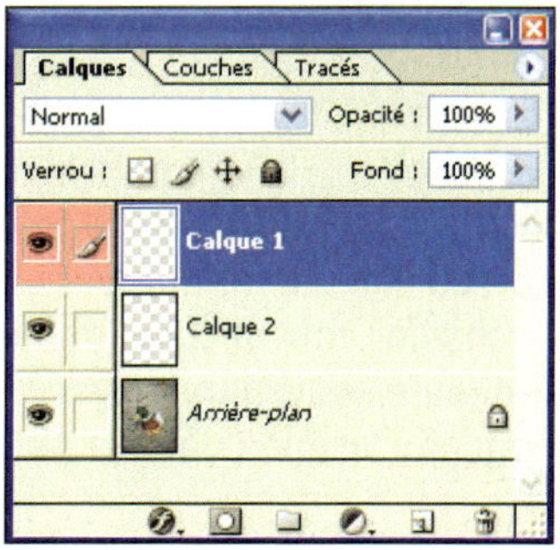

Classer *ses calques*

Toujours dans un souci de rangement, il est fortement recommandé d'utiliser les groupes de calques. En effet, dans la palette *Calques*, il est très fréquent de pouvoir ranger ses calques par thèmes. Par exemple, lors de la création d'une interface web, vous classerez tout ce qui concerne le logo dans un groupe, tous les éléments du menu dans un autre….

1 Pour créer un groupe de calques, cliquez sur la petite icône en forme de dossier au bas de la palette *Calques*.

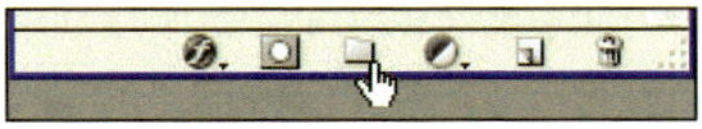

Dans la palette, vous pouvez constater qu'un dossier vient d'être créé.

2 Pour le renommer, double-cliquez dessus. Saisissez par exemple `dossier canard`.

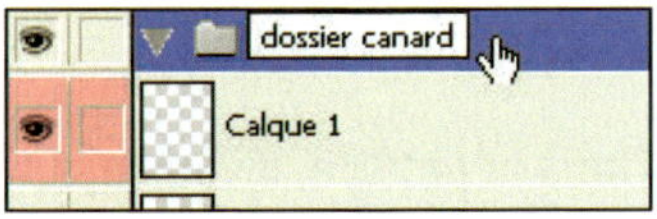

Pour insérer des calques dans le dossier, il faut utiliser la technique du glisser-déposer.

3 Placez le pointeur sur le calque à insérer dans le dossier et, en maintenant le bouton gauche de la souris enfoncé, déposez-le sur le dossier nommé *dossier canard*.

Les calques présents dans un dossier sont présentés légèrement en retrait par rapport au reste des calques.

Il est possible de « refermer » un dossier sur lequel on ne travaille pas pour gagner de l'espace dans la palette.

4 Pour cela, cliquez sur la petite flèche grise située à côté du dossier.

Lorsqu'elle est dirigée vers le bas, cela signifie que les calques présents dans le dossier sont visibles dans la palette. Lorsque la flèche est dirigée vers la droite de l'écran, cela signifie que le dossier est refermé et que les calques ne sont pas visibles dans la palette.

5 Pour développer un dossier ou le refermer, cliquez sur cette flèche.

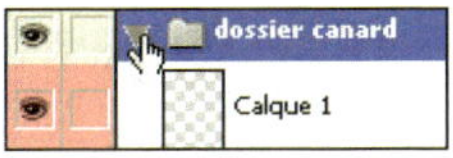

Aplatir *l'image*

À la fin d'une étape de travail, si la présence des calques n'est plus nécessaire, autant ne pas s'encombrer ! Il est donc judicieux de fusionner tous les calques en un seul. Pour cela, choisissez le menu **Calques/Aplatir l'image**.

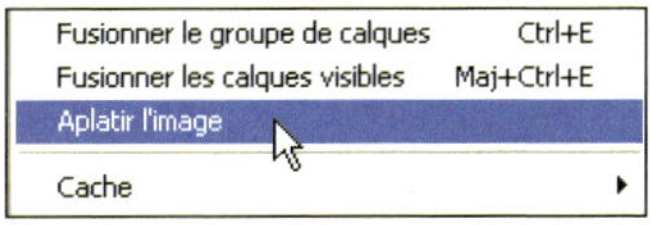

Attention ! Cette opération supprime tous vos calques, y compris vos calques de fusion. Il ne sera plus possible d'intervenir dessus par la suite. Il est préférable d'enregistrer son travail avec tous les calques au format *.psd* au préalable pour pouvoir retravailler sur l'image par la suite.

La fonction de fusion de calques est plus intéressante. Elle permet d'aplatir certains calques spécifiquement.

- Pour fusionner des calques liés, sélectionnez le menu **Calques/Fusionner les calques liés**.
- Pour fusionner des calques visibles et préserver les calques masqués, sélectionnez le menu **Calques/Fusionner les calque visibles**.
- Pour fusionner le calque sélectionné (ou calque actif) avec le calque juste en dessous, sélectionnez le menu **Calques/Fusionner avec le calque inférieur**.
- Pour fusionner le groupe de calques, sélectionnez **Calques/Fusionner le groupe de calques**.

Les menus de fusion de calques

Les différents menus de fusion de calques spécifiques que vous venez de découvrir n'apparaissent pas automatiquement. Par exemple, si vous n'avez pas de calques masqués, la commande **Fusionner les calques visibles** ne vous sera pas proposée.

Corriger les défauts d'une photographie

Maintenant que vous maîtrisez la palette des calques, les joies de la retouche photographique s'ouvrent à vous !

Vous verrez dans cette partie comment corriger les défauts d'une photographie numérisée. Les poussières, les déchirures et même les yeux rouges ne vous résisteront plus. Ce n'est qu'une question de technique… et de patience.

Restaurer une photographie déchirée

Vous avez certainement parmi vos photographies un tirage déchiré, ou dont il manque une partie, et que vous aimeriez réparer. Heureusement, Photoshop est là !

Scannez votre propre photographie et repérez les zones que vous allez reconstituer ou téléchargez l'image *canarddéchire.jpg* à partir de www.microapp.com. Dans cette image, vous allez reconstituer la partie manquante de la photographie.

Pour cela, vous allez utiliser l'outil **Tampon**. Vous verrez plus loin comment éliminer les poussières et les rayures présentes sur l'image.

1 Ouvrez le document dans Photoshop et créez un nouveau calque en cliquant sur l'icône correspondante dans la palette *Calques*.

Ce nouveau calque servira à accueillir la partie manquante que vous allez recréer.

2 Sélectionnez l'outil **Tampon de duplication** dans la boîte à outils.

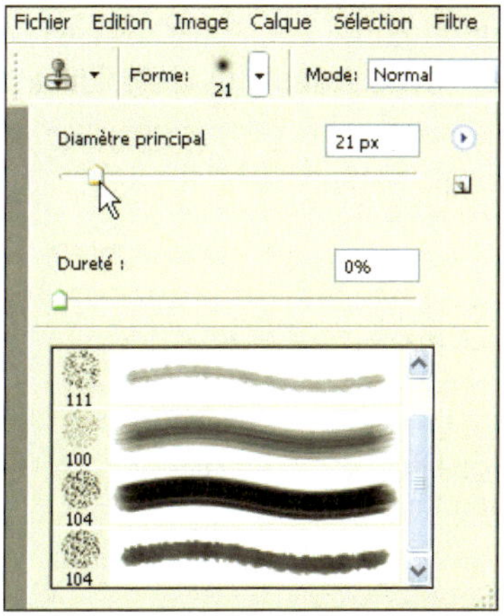

3 Réglez ensuite les caractéristiques du tampon, notamment son diamètre, en cliquant sur la flèche à proximité de la forme d'outil dans la barre des paramètres.

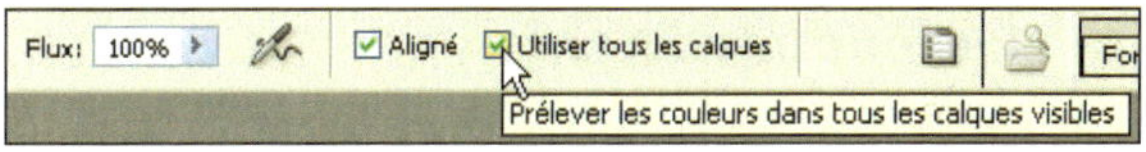

4 Dans la barre des paramètres, cochez la case *Utiliser tous les calques*.

5 Vérifiez bien que vous êtes sur le nouveau calque que vous venez de créer. Sinon activez-le en cliquant dessus dans la palette.

Le **Tampon** permet de copier une partie de l'image sur une autre zone de l'image.

6 Pour sélectionner la partie à copier, placez le pointeur sur une partie à proximité de la zone à retoucher et pressez la touche [Alt]. Placez-vous ensuite sur la déchirure.

Lorsque vous appuyez sur le bouton de la souris, vous « peignez » en recopiant la partie indiquée par une croix. N'hésitez pas à redéfinir votre source en pressant la touche [Alt] autant de fois que nécessaire.

Vous avez ici choisi de mettre les corrections sur un calque isolé.

7 Pour visualiser l'effet, masquez ce calque en cliquant sur l'œil correspondant dans la palette *Calques*. Quand le résultat vous convient, aplatissez l'image avec le menu **Calque/Aplatir l'image**.

Avec un peu de patience et d'habitude, vous pourrez restaurer les images les plus détériorées.

La fonction Zoom

Les retouches nécessitent parfois une très grande précision. Pour cela, n'hésitez pas à utiliser l'outil **Loupe**. En maintenant la touche Alt enfoncée, vous avez accès à l'outil d'éloignement. Vous pouvez également utiliser les combinaisons de touches Ctrl+[+] et Ctrl+A.

La forme du pointeur

Le pointeur peut prendre la forme de l'outil que vous utilisez. Il peut également être plus précis si besoin. Pour accéder à ces options, allez dans le menu **Edition/Préférences/Affichage et pointeurs**. Dans la fenêtre qui s'affiche, choisissez le mode d'affichage qui vous convient le mieux. Pour les outils de dessin, l'affichage en forme d'outil est le plus pratique à l'usage. Pour les autres outils, la forme précise se révèle plus efficace.

Supprimer *les petites imperfections*

De la même manière qu'un tirage peut être déchiré, une image numérique peut présenter des imperfections, des traces, des tâches ou des rayures. Ces dernières peuvent être dues au tirage lui-même, mais aussi au scanneur qui peut être sale ou rayé.

Pour corriger ces imperfections, Photoshop propose un outil permettant d'obtenir très facilement un résultat comparable à un professionnel ! Les outils que nous allons aborder ci-après permettent de réparer les imperfections sur l'image, mais également, si vous le désirez, d'estomper des rides et des cernes sur un visage, par exemple.

L'outil **Correcteur** fonctionne presque de la même manière que l'outil **Tampon**. Vous n'aurez pas de mal à vous familiariser avec son utilisation.

Le grand avantage de cet outil est qu'il tient compte de la texture, de la luminosité et de l'ombrage des pixels que vous prélevez. Ainsi, la correction s'intègre mieux dans l'image. Idéal pour travailler sur un visage par exemple !

1 Ouvrez le fichier *concert.jpg* que vous avez préalablement téléchargé à partir du site de Micro Application (www.microapp.com).

2 Repérez les imperfections à corriger. Elles sont nombreuses. N'hésitez pas à zoomer si besoin.

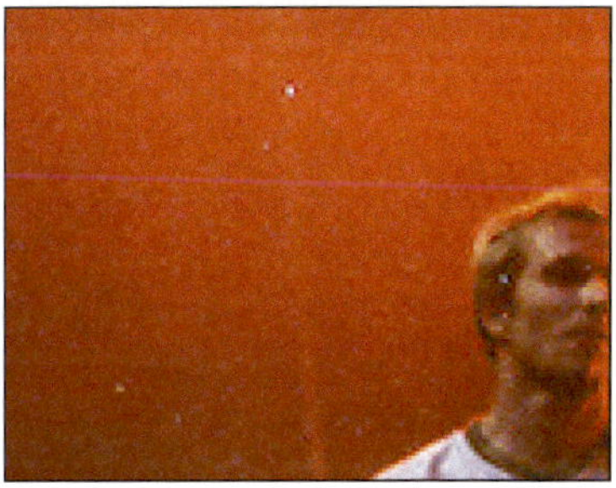

3 Sélectionnez l'outil **Correcteur** dans la boîte à outils. Cochez la case *Utiliser tous les calques* dans la barre des paramètres.

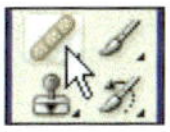

4 Créez un calque vide en sélectionnant le menu **Calques/Nouveau calque**. Placez-vous sur ce nouveau calque dans la palette *Calques*.

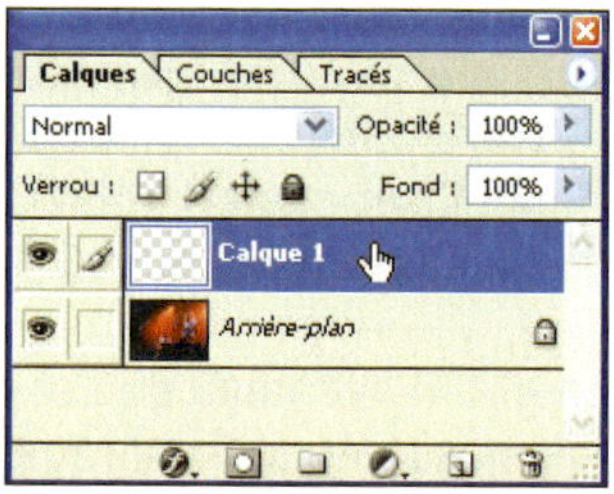

Il accueillera les parties que vous allez ajouter pour corriger les imperfections.

5 Sélectionnez sur l'image une zone source (c'est-à-dire sans imperfection) en pressant la touche Alt. Placez-vous ensuite sur la zone à corriger et recouvrez-la entièrement.

La correction ne s'effectue que lorsque vous relâchez le bouton de la souris. Le résultat est bien souvent étonnant !

6 Renouvelez l'opération pour toutes les zones que vous désirez corriger.

Si vous avez des parties entières de l'image à corriger, il peut être plus pratique d'utiliser l'outil **Pièce**. Il fonctionne de la même manière que l'outil **Correcteur**, mais il permet d'intervenir sur des zones plus étendues. Vous allez l'utiliser pour les parties sombres de votre image.

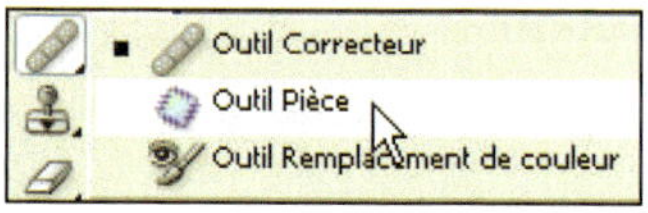

1 Sélectionnez l'outil **Pièce**.

2 Tracez les contours de la zone à corriger.

Une zone signalée par des pointillés délimite votre sélection.

3 Si elle ne vous convient pas, désélectionnez-la à l'aide de la combinaison de touches Ctrl+D et recommencez. Une fois que la zone à corriger est bien délimitée, placez votre souris dessus.

Le pointeur change de forme.

4 Cliquez sur la sélection et, en maintenant le bouton de la souris enfoncé, glissez la sélection jusqu'à une zone dénuée d'imperfections. Relâchez le bouton.

La zone entière est corrigée !

5 Pour désélectionner la zone, pressez les touches Ctrl+D. Répétez l'opération sur toutes les parties tachées de l'image.

Le filtre Antipoussière

En cliquant sur **Filtre/Bruit/Antipoussière**, les petites taches présentes sur l'image sont supprimées. Ce filtre permet une retouche rapide et efficace si votre photographie n'est pas très abîmée.

Enlever l'effet *Yeux rouges*

Les fabricants d'appareils photographiques essaient aujourd'hui de limiter l'effet des yeux rouges dû au flash. Pour cela, ils rivalisent d'astuces et d'innovations. Pourtant, bien souvent, tous ces efforts restent sans résultat. Le seul vrai remède contre ces yeux rouges disgracieux est la retouche. La couleur rouge des yeux n'est localisée qu'au niveau des pupilles, au centre de l'œil. Le but est donc de sélectionner cette zone et de lui redonner sa couleur d'origine.

Sélectionner les pupilles

1 Ouvrez l'image *chat.jpg* disponible sur le site www.microapp.com.

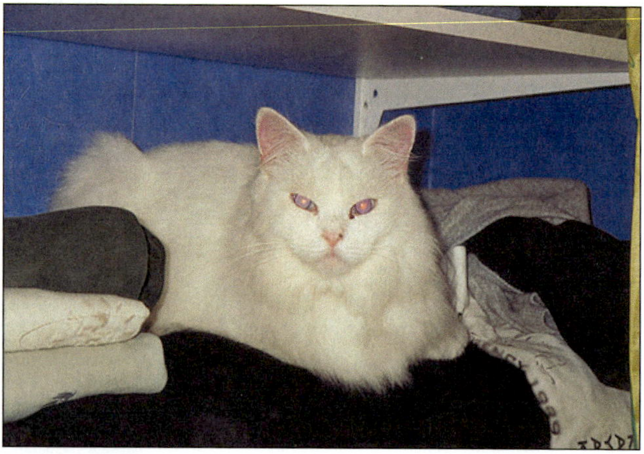

2 Sélectionnez l'outil **Ellipse de sélection**.

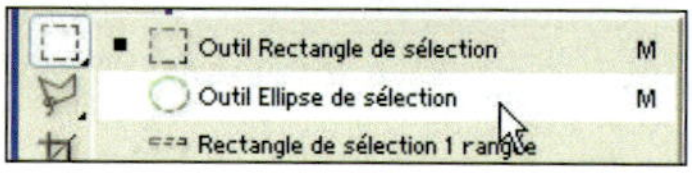

3 Pressez [Ctrl]+[+] pour zoomer sur les yeux et bien distinguer les pupilles.

4 Placez le pointeur au centre de la zone rouge et cliquez sur le bouton de la souris en pressant la touche [Alt].

Cette touche permet de centrer la sélection.

5 Déplacez le pointeur pour former un cercle délimitant la zone à masquer. Relâchez le bouton de la souris.

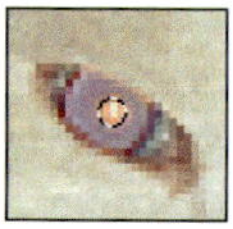

La sélection est en place.

Réaliser un cercle ou un carré parfait

Si vous désirez réaliser une sélection parfaitement circulaire (et non elliptique), maintenez la touche Maj enfoncée pendant que vous formez la sélection. Utilisée avec l'outil **Sélection rectangle**, cette touche vous permet de former des sélections carrées.

Recolorer les pupilles

1 Si votre couleur de premier plan n'est pas le noir, cliquez sur l'icône des couleurs par défaut dans la boîte à outils ou pressez la touche D.

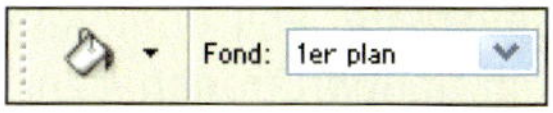

2 Sélectionnez l'outil **Pot de peinture** et assurez-vous que l'option *Fond : Premier plan* est bien sélectionnée dans la barre des paramètres.

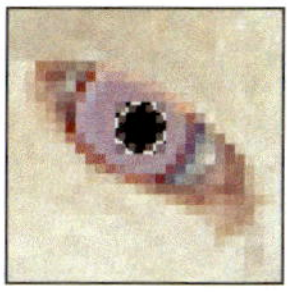

3 Créez un nouveau calque et restez placé dessus. Placez l'outil **Pot de peinture** à l'intérieur de la sélection et cliquez une fois.

4 Pressez ensuite les touches Ctrl+D pour désélectionner la pupille.

La pupille est maintenant bien noire. Un peu trop peut-être ?

5 Pour y remédier et laisser apparaître un peu de lueur dans les yeux, diminuez l'opacité du calque.

Attention de ne pas trop la diminuer, sinon, la couleur rouge que vous essayez de masquer pourrait reprendre le dessus !

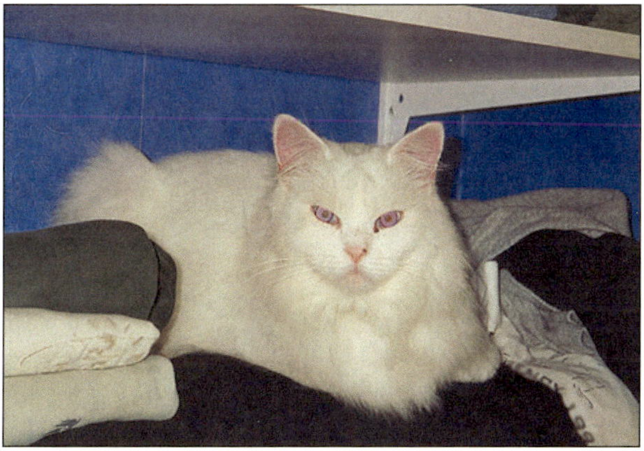

Vous avez diminué l'opacité jusqu'à 50 %.

6 Faites de même pour l'autre œil.

Le tour est joué !

Chapitre 4

Sélectionner un élément de l'image et l'isoler

Peut-être avez-vous essayé, au cours des chapitres précédents, de masquer tous les calques ? Un damier gris et blanc apparaît alors, il figure la transparence totale de votre document.

Vous allez voir comment faire disparaître l'arrière-plan d'une image pour isoler sur un fond transparent un personnage ou un objet précis. Cela vous servira à réaliser des montages photographiques en replaçant un personnage dans un autre décor, par exemple. Sélectionner un élément d'une photographie permet également de ne travailler que sur cette partie pour, par exemple, en changer la couleur.

Dupliquer le calque de fond

Ouvrez l'image *rose.jpg* disponible sur le site www.microapp.com et dupliquez le calque d'arrière-plan.

Vous pouvez ainsi garder une version intacte de l'image et travailler sans retenue sur le double. En outre, cela permet au final de mieux apprécier les modifications effectuées en comparant avec la version originale.

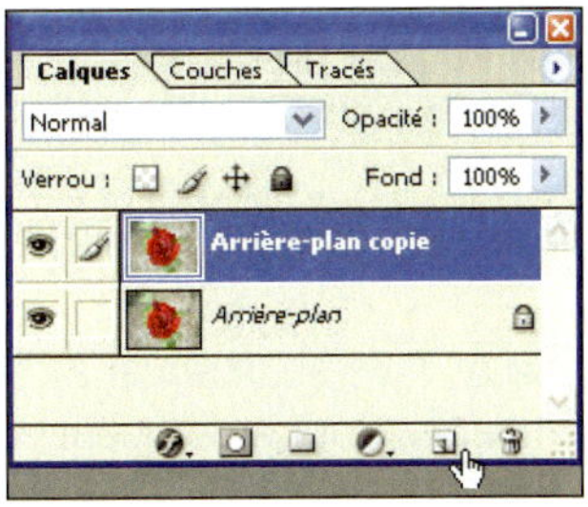

1 Dans la palette *Calques*, glissez le calque d'arrière-plan sur l'icône *Duplication de calque*.

2 Placez-vous ensuite sur le nouveau calque et masquez l'arrière-plan en cliquant sur l'œil situé à gauche.

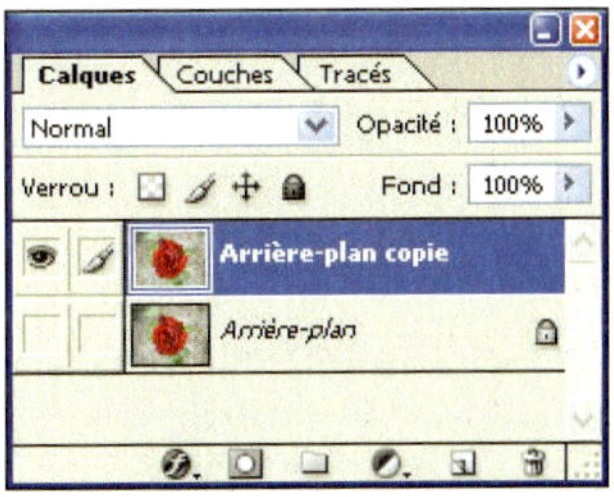

Votre palette *Calques* devrait ressembler à ceci :

Vous pouvez commencer à travailler en toute quiétude.

Vous voulez isoler la rose de son arrière-plan. Pour cela, nous allons détailler différentes techniques de sélection.

Sélectionner des zones de couleur : la Baguette magique

Il est possible de sélectionner automatiquement des parties de même couleur. Vous allez appliquer ces opérations de sélection sur l'image *rose.jpg*, l'objectif étant d'isoler la rose du fond de l'image. Chacun des outils présentés ci-après a pour fonction de sélectionner une partie de l'image. Utiliser l'un plutôt que l'autre dépend de la nature de la forme à sélectionner, mais aussi de votre aisance à les maîtriser.

La **Baguette magique** est un outil de sélection très puissant. Il permet de sélectionner des plages de couleur identique.

1 Avec cet outil, cliquez sur la couleur grise située en haut à gauche de l'image.

La sélection effectuée est délimitée par des pointillés.

Vous voyez immédiatement que la zone sélectionnée est trop limitée. Il faudrait l'agrandir pour qu'elle vienne se fixer contre les contours de la fleur.

2 Pour ajouter une sélection à la zone sélectionnée, maintenez la touche [Maj] enfoncée et cliquez sur une nouvelle zone de couleur.

Vous étendez la zone de sélection.

3 À l'inverse, maintenez la touche [Alt] enfoncée, tout en cliquant sur une zone pour soustraire celle-ci à la sélection.

En répétant l'ajout de sélection, il est possible de sélectionner une bonne partie du fond de l'image. Il reste toutefois quelques menues parties non sélectionnées que vous allez devoir traiter avec un autre outil.

Sélectionner des formes simples

Vous allez continuer votre travail de sélection sur le document précédent qui présente une sélection incomplète de l'arrière-plan de l'image. Pour cela, vous allez dans un premier temps vous intéresser aux angles et aux bords de l'image qui n'ont pas été correctement sélectionnés.

1 Prenez l'outil **Sélection rectangle** dans la boîte à outils.

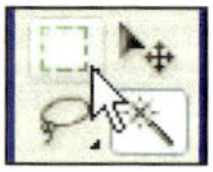

2 En prenant bien soin de maintenir la touche [Maj] enfoncée pendant l'opération (de manière à ajouter la sélection rectangulaire), placez le pointeur en haut à gauche de l'image et, en gardant le bouton gauche de la souris enfoncé, tracez un rectangle sur la partie non sélectionnée. Relâchez le bouton.

La zone a été ajoutée à la sélection qui était déjà active !

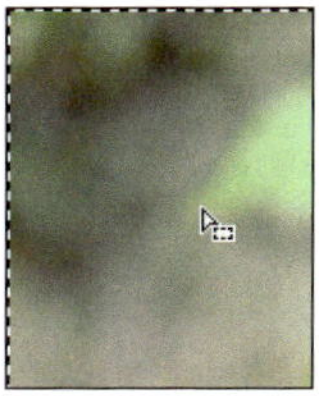

3 Répétez l'opération plusieurs fois sur toutes les zones non sélectionnées pour préciser la sélection.

Il reste encore quelques parties que l'outil **Sélection rectangle** ne peut pas atteindre facilement. Vous allez pour cela utiliser l'outil **Lasso**.

Dessiner une sélection

L'outil **Lasso** est certainement un outil que vous utiliserez beaucoup dans tous vos travaux. Il permet de dessiner à main levée une sélection. Vous allez l'utiliser ici en maintenant la touche [Maj] enfoncée, de manière à ce que la zone que vous dessinez vienne s'ajouter à la sélection déjà active.

1 Prenez l'outil **Lasso** dans la boîte à outils.

2 Utilisez les touches [Ctrl]+[+] et [Ctrl]+[-] pour zoomer autant que possible sur la zone sur laquelle vous travaillez.

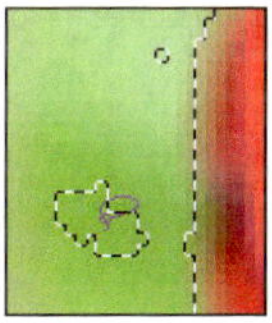

3 En maintenant la touche [Maj] enfoncée, entourez la zone que vous désirez ajouter à la sélection.

N'ayez pas peur de cercler largement (sans toutefois déborder sur la fleur), l'outil ne prendra en compte que les parties intéressantes.

Lorsque vous avez fini de dessiner la sélection, la zone s'ajoute automatiquement à la précédente.

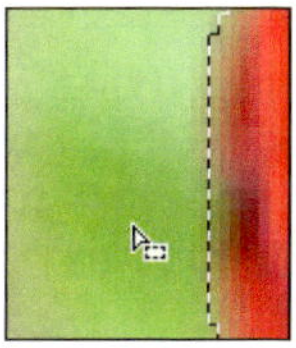

L'outil **Lasso** est très utilisé. Certains professionnels ne jurent que par cet outil de sélection. Il est vrai que, combiné avec une tablette graphique, il est un outil redoutable.

Votre sélection doit maintenant être terminée.

Les autres outils Lasso

Lorsque vous cliquez avec le bouton droit de la souris sur le **Lasso** dans la boîte à outils, vous avez accès à d'autres formes de lasso. Le **Lasso polygonal** permet de tracer des sélections polygonales. Il s'utilise en cliquant sur chaque angle du polygone que vous voulez dessiner. La sélection est créée lorsque vous cliquez sur le point de départ, ou en double-cliquant. L'outil **Lasso magnétique** est très pratique. Vous auriez pu l'utiliser sur la rose en plaçant un point sur le contour de la fleur. Ensuite, lorsque vous suivez lentement ce contour, la sélection vient se coller automatiquement à l'endroit désiré. Une fois que vous avez fait le tour de la fleur, double-cliquez simplement pour valider la sélection.

Extraire un élément sélectionné

Vous venez de sélectionner l'arrière-plan de l'image *rose.jpg*. Ce qui nous intéresse n'est pas forcément le fond de l'image, mais plutôt la fleur. Il va falloir l'isoler de l'arrière-plan.

Il faut avant toute chose inverser la sélection active, c'est-à-dire que tout ce qui est sélectionné (l'arrière-plan de l'image) ne le sera plus et tout ce qui n'est pas sélectionné (la fleur) le sera. Pour cela, prenez garde à ce que la sélection soit toujours active !

1 Activez le menu **Sélection/Intervertir**.

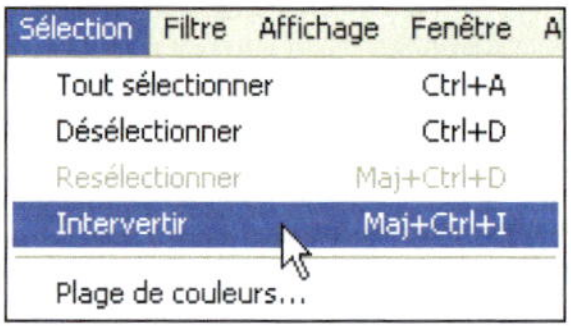

La fleur est maintenant sélectionnée.

2 Prenez l'un des outils de sélection dans la boîte à outils (par exemple, l'outil de **sélection rectangle**) et placez-vous sur la zone sélectionnée. Cliquez avec le bouton droit de la souris et choisissez **Calque par Copier** dans le menu qui apparaît.

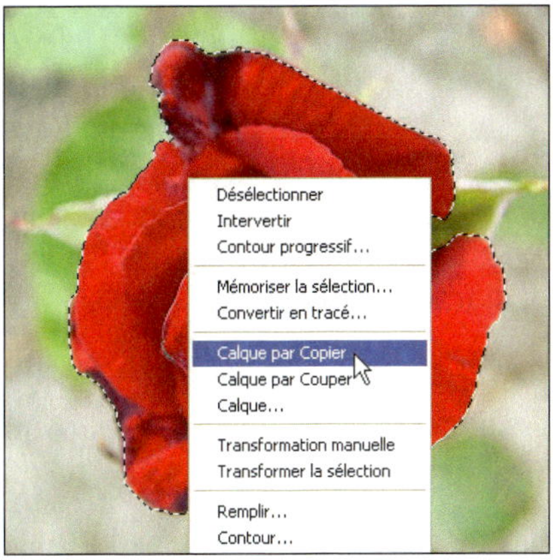

3 Si ce n'est pas déjà fait, affichez la palette *Calques*.

Vous pouvez constater qu'un nouveau calque a été créé. Il contient une copie de la fleur seule.

4 Placez-vous sur ce calque en cliquant dessus dans la palette *Calques*.

5 Avec l'outil **Déplacement**, déplacez cette fleur sur l'image.

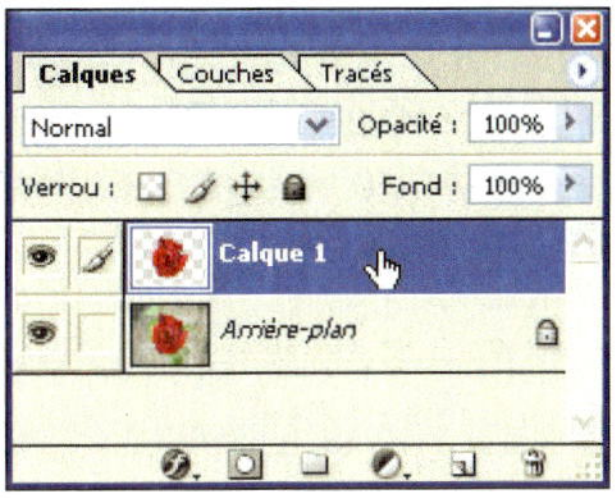

Vous pouvez masquer le calque d'arrière-plan pour voir votre fleur sur un fond transparent.

N'oubliez pas d'enregistrer votre travail au format *.psd* pour conserver toutes les informations sur les calques.

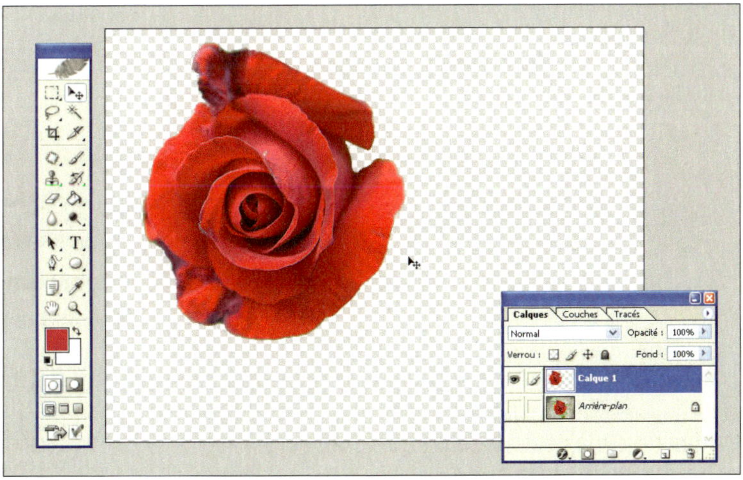

Les autres méthodes de sélection

Si les outils **Baguette magique**, **Sélection de forme** et **Lasso** permettent de parer à presque toutes les éventualités qui se présentent à vous, il existe toutefois plusieurs autres techniques pour sélectionner une partie de l'image. Nous allons en détailler trois : la technique des masques, la sélection à partir d'un tracé et l'extraction.

Pour travailler sur ces techniques, vous allez reprendre l'image *rose.jpg* disponible sur le site www.microapp.com.

Les masques *de sélection*

Les masques de sélection permettent de masquer une partie de l'image à la manière d'un pochoir. Le principe est simple : vous remplissez les parties de l'image que vous ne souhaitez pas sélectionner à l'aide des outils de dessin de Photoshop.

1 Commencez par passer en mode Masque en cliquant sur le bouton **Mode Masque** dans la boîte à outils.

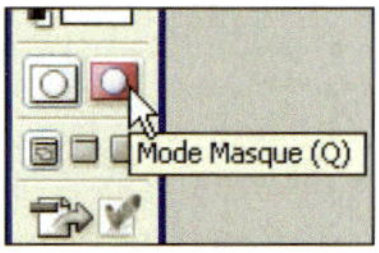

2 Prenez ensuite l'outil **Pinceau** et donnez-lui un diamètre relativement élevé en cliquant sur la petite flèche dans la barre des informations, par exemple 60 pixels pour commencer.

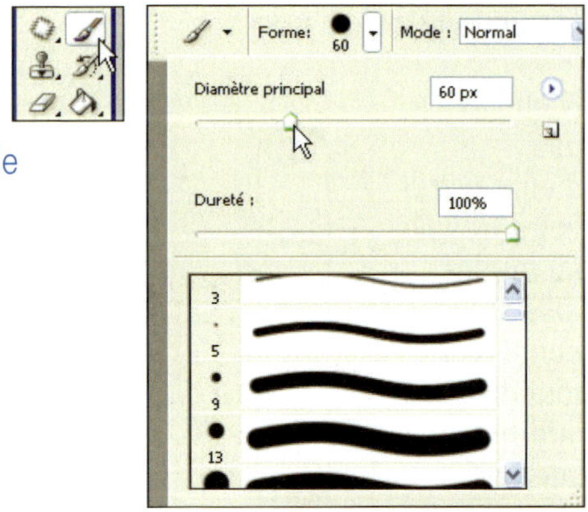

3 Prenez garde à ce que la couleur de premier plan soit bien du noir. Si ce n'est pas le cas, double-cliquez sur le petit carré de la couleur de premier plan dans la boîte à outils et choisissez le noir.

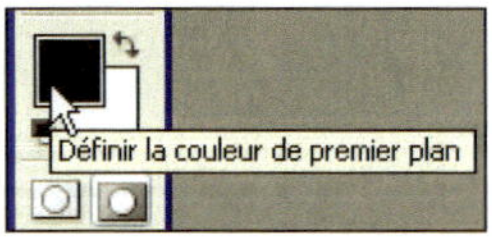

4 Peignez sur les zones de l'image que vous ne souhaitez pas sélectionner.

Ici, il s'agit du fond. Vous pouvez constater que la couleur de votre peinture est rose transparent. Il s'agit de la couleur par défaut du remplissage.

5 N'hésitez pas à diminuer le diamètre du pinceau pour peindre les zones plus précises, aux alentours de la fleur par exemple.

6 Lorsque vous avez peint toute la surface que vous désirez masquer, repassez en mode Standard en cliquant sur le bouton **Mode standard** dans la boîte à outils.

Les masques

L'utilisation du mode Masque permet de revenir plusieurs fois sur une sélection. Il est idéal si vous êtes à l'aise avec tous les outils de dessin de Photoshop. En effet, le mode Masque permet d'utiliser tous les outils de dessin (**Pinceau**, **Crayon**, **Pot de peinture**, **Gomme**...). Il est tout à fait possible de compléter un masque en revenant en mode Standard et en utilisant les outils de sélection habituels.

La zone que vous venez de peindre a déterminé la sélection de la fleur.

Si vous désirez retoucher quelques détails, vous pouvez repasser en mode Masque pour repeindre une zone précise.

Pour extraire l'élément sélectionné, vous pouvez vous reporter à la page 62.

Sélectionner *à partir de tracés*

La sélection à partir de tracés est une technique quelque peu rebutante au départ. Elle fait intervenir les outils de dessin vectoriel (généralement utilisés pour dessiner des courbes et des formes géométriques). Le principe est de dessiner la forme de l'élément à sélectionner. Cette technique fonctionne bien pour des objets aux contours fluides.

1 Choisissez l'outil **Plume** pour dessiner les contours de la fleur.

L'exercice demande un peu d'habitude… ou un peu de patience au départ.

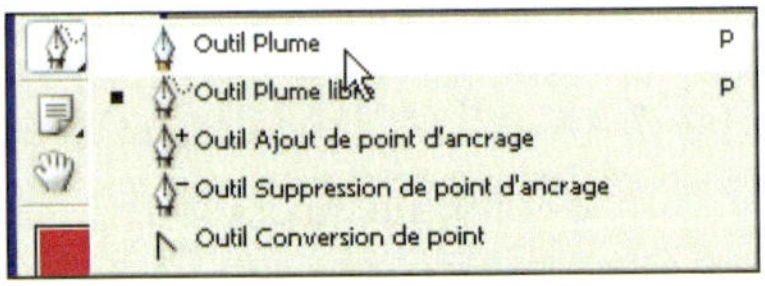

2 Cliquez sur le contour de la fleur pour y placer un point (les points placés avec les outils de dessin vectoriels sont appelés « points d'ancrage »). Placez ensuite un autre point plus loin sur le contour. Si possible, placez les points au niveau des points d'inflexion du contour de la fleur.

Une ligne est créée entre les deux points.

3 Placez les autres points en essayant d'en utiliser le moins possible. Puis fermez le tracé en cliquant sur le point de départ.

Pour l'instant, la forme est très approximative. Nous allons préciser tout cela.

4 Si ce n'est pas déjà fait affichez la palette *Calques* via la commande **Fenêtre/Calques**.

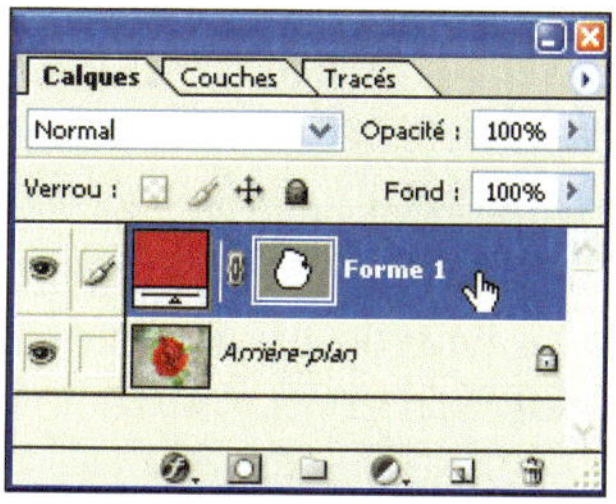

Vous constatez qu'un nouveau calque est créé, il accueille le tracé vectoriel que vous venez de réaliser.

5 Rendez-le actif en cliquant dessus.

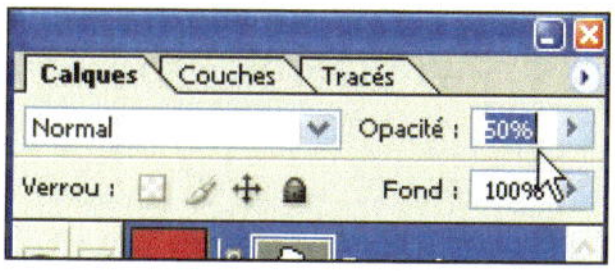

6 Dans le champ *Opacité* situé en haut de la palette *Calques*, entrez la valeur 50% pour rendre légèrement transparent votre dessin.

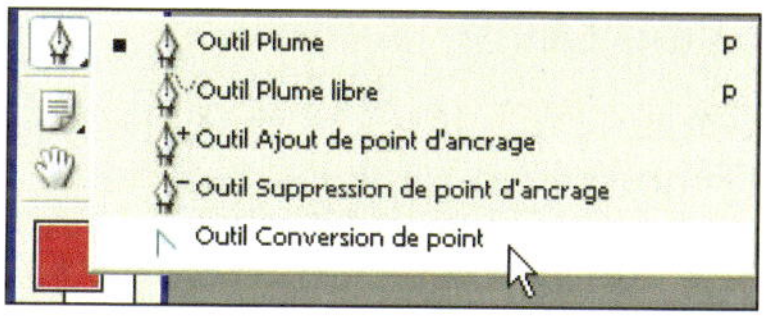

7 Prenez ensuite l'outil **Conversion de point** dans la boîte à outils afin de créer des courbes à partir de la forme géométrique que vous venez de tracer.

C'est à cette étape qu'il vous faudra probablement acquérir un peu de doigté. Ne vous découragez pas si vous n'y arrivez pas immédiatement, le jeu en vaut vraiment la chandelle !

8 Placez le pointeur sur l'un des points d'ancrage et, en maintenant le bouton gauche de la souris enfoncé, glissez ce point vers l'extérieur.

Vous pouvez constater qu'un trait est créé à partir du point. Il influe sur la courbure du trait lorsque vous le déplacez avec la souris. Il s'agit d'un vecteur ; d'où la dénomination « dessin vectoriel » !

9 Faites correspondre les contours de votre dessin vectoriel avec les contours de la fleur, en modifiant de la même manière les vecteurs de chaque point d'ancrage.

Ajouter/Supprimer des points

Si vous vous apercevez qu'il manque un point d'ancrage pour que votre tracé colle parfaitement aux contours de la fleur, utilisez l'outil **Ajout de point d'ancrage**. À l'inverse, si vous avez placé plus de points qu'il n'en faut, vous pouvez utiliser l'outil de suppression de point d'ancrage. Tous deux fonctionnent de la même manière : cliquez sur le tracé à l'endroit où vous voulez ajouter ou supprimer un point.

Ces notions de tracés vectoriels sont très utiles si vous utilisez des logiciels dédiés à ce type de créations comme Adobe Illustrator, Adobe Streamline, Macromedia Freehand ou Macromedia Flash pour ne citer que les plus connus…

Le contour de votre rose est maintenant dessiné en vectoriel ? Très bien, Vous allez maintenant le convertir en sélection.

1 Affichez la palette des tracés en activant la commande **Fenêtre/Tracés**. Cliquez sur votre tracé dans la palette.

2 Cliquez ensuite sur l'icône *Convertir le Tracé en Sélection* situé en bas de la palette *Tracés*.

La sélection est maintenant bien en place sur votre image. Il ne vous reste plus qu'à isoler la rose comme vous avez appris à le faire.

Reportez-vous pour cela à la page 62.

Le filtre *Extraire*

Vous avez travaillé sur un élément graphique (une fleur) qui est relativement simple à extraire d'un fond. L'exercice peut se révéler plus délicat si vous devez extraire un personnage : les cheveux ont longtemps été un cauchemar à détourer pour les graphistes. En effet, comment garder tout le volume des innombrables cheveux qui volent au vent tout en supprimant l'arrière-plan ? Photoshop propose une solution très efficace à ce problème. L'outil d'extraction est très bien adapté au détourage de cheveux et de fourrures.

Vous allez reprendre l'image *rose.jpg* pour comprendre comment fonctionne cet outil. Libre à vous de l'expérimenter ensuite sur des éléments plus complexes, notamment des cheveux.

1 Commencez par dupliquer le calque d'arrière-plan en le glissant sur l'icône de création de calque en bas de la palette *Calques*.

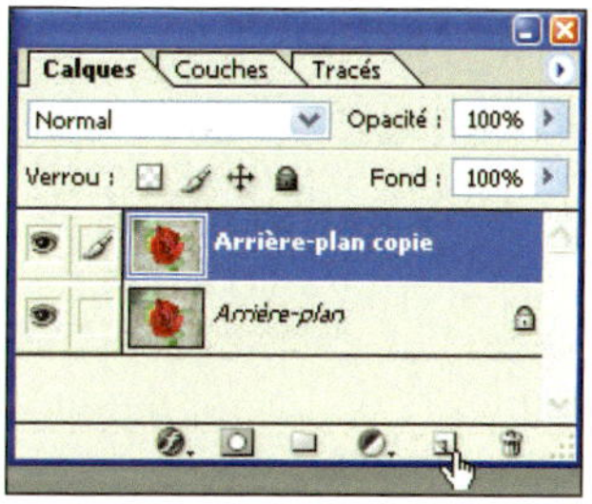

2 Dans le menu **Filtre**, cliquez sur **Extraire** ou pressez les touches Alt+Ctrl+X.

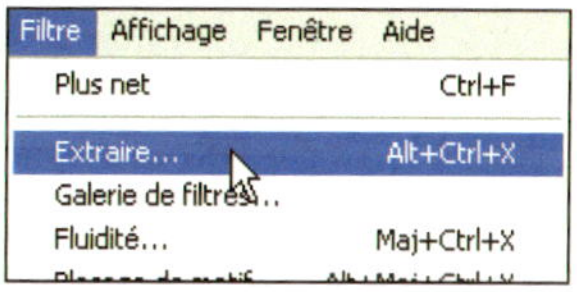

Une nouvelle interface de travail s'ouvre alors.

Vous disposez des outils nécessaires à l'extraction des éléments de l'image. Vous utiliserez la **Loupe** pour zoomer sur les parties importantes de l'image, le **Sélecteur de contour** pour définir les limites de la zone à extraire et le **Pot de peinture** pour remplir la zone à extraire.

3 Commencez par régler l'agrandissement de votre image dans l'interface grâce à l'outil **Loupe**. Maintenez enfoncée la touche [Alt], tout en cliquant sur l'outil **Loupe**, pour diminuer le taux d'agrandissement de l'aperçu.

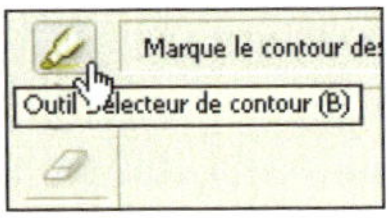

4 Sélectionnez l'outil **Sélecteur de contour** en cliquant sur l'icône appropriée ou en pressant la touche [B].

5 Choisissez une épaisseur de 11 pixels, ce qui vous permet de travailler confortablement.

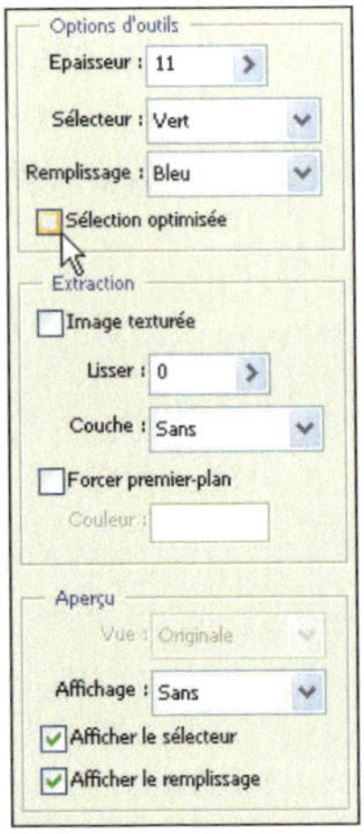

Pour des travaux très fins, il faut réduire cette valeur. Plus le diamètre du **Sélecteur de contour** sera faible, plus l'extraction sera précise, mais les temps de calcul seront également plus longs !

L'option *Sélection optimisée* est nécessaire lorsque vous détourez une partie assez nette. Pour détourer une zone plus aléatoire comme une chevelure ou un pelage, décochez cette case. Vous allez également lisser les contours de l'objet détouré pour lui donner des contours sans à-coups.

6 Commencez à détourer la fleur.

Vous n'avez pas besoin de le faire parfaitement, l'outil est très efficace.

7 Dès que vous avez fini de dessiner le contour, sélectionnez l'outil **Remplissage**, symbolisé par un pot de peinture dans l'interface d'extraction.

8 Cliquez à l'intérieur du contour.

Par défaut, la zone délimitée prend une teinte bleutée. Elle représente la partie qui sera extraite.

9 Pour avoir un aperçu rapide du résultat, cliquez sur le bouton **Aperçu**.

10 Pour revenir à votre image, sélectionnez *Originale* sur la liste déroulante *Vue*.

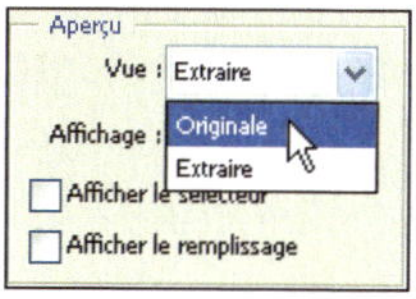

11 Modifiez ou affinez les contours si besoin. Ainsi, l'extraction sera plus précise. Pour cela, utilisez l'outil **Gomme**. Il efface le trait de sélection de contour.

12 Remplissez à nouveau la zone à extraire avec l'outil **Remplissage** et vérifiez le résultat avec l'aperçu.

Vous pouvez régler le lissage de la sélection à l'aide du champ approprié dans les paramètres. Plus la valeur est grande, plus les contours de l'élément extrait seront réguliers.

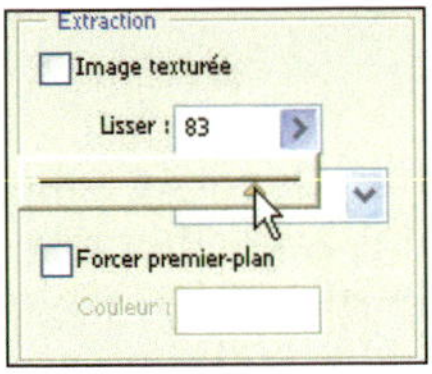

13 Masquez le calque d'arrière-plan en cliquant sur l'œil dans la palette *Calques* pour vérifier le résultat de votre travail et gommer les derniers détails si besoin.

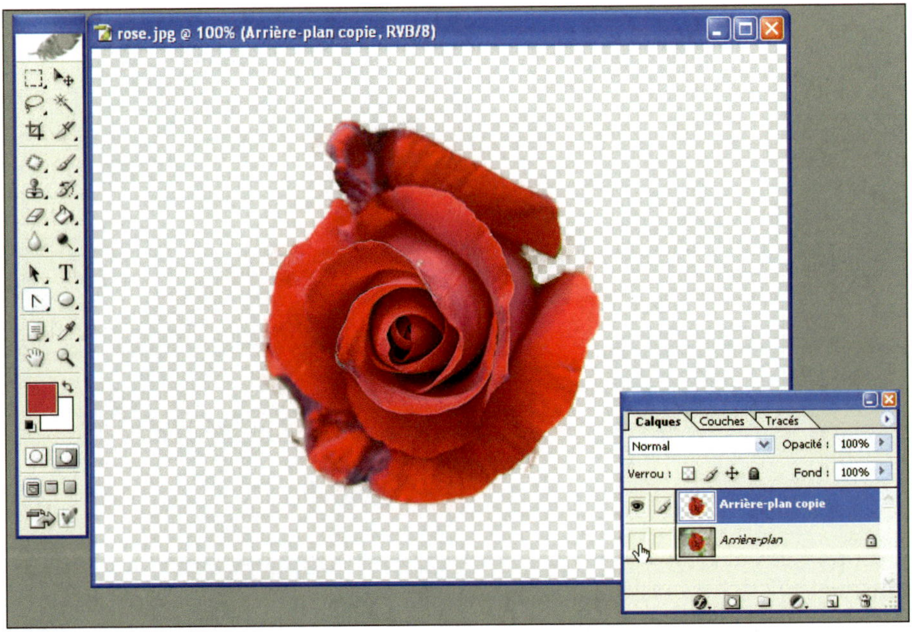

La rose est donc bien sur un calque à part. L'image est prête pour un éventuel montage photographique.

14 Sauvegardez votre travail au format *.psd* en cliquant sur **Fichier/Enregistrer sous**.

Déplacer l'image sur le plan de travail

L'outil **Main** permet, lorsque l'image est zoomée et n'est pas entièrement visible à l'écran, de glisser celle-ci sur le plan de travail pour accéder aux autres parties. En maintenant la barre d'espace enfoncée, l'outil **Main** est automatiquement sélectionné.

Quelques astuces pour faire la différence

Maîtriser les sélections de Photoshop est une étape importante dans l'apprentissage du logiciel. Voici quelques astuces qui vont probablement vous faciliter le travail.

Lorsque vous travaillez à l'extraction d'un élément d'une photographie, il est primordial de dupliquer le calque où se trouve l'image originale. Une fausse manipulation est vite arrivée (par exemple, presser la touche Suppr alors qu'une sélection est active sur l'image).

1. Pour dupliquer un calque, affichez la palette *Calques* via la commande **Fenêtre/Calques**.

2. Glissez le calque que vous désirez dupliquer jusqu'à l'icône *Création de nouveau calque*.

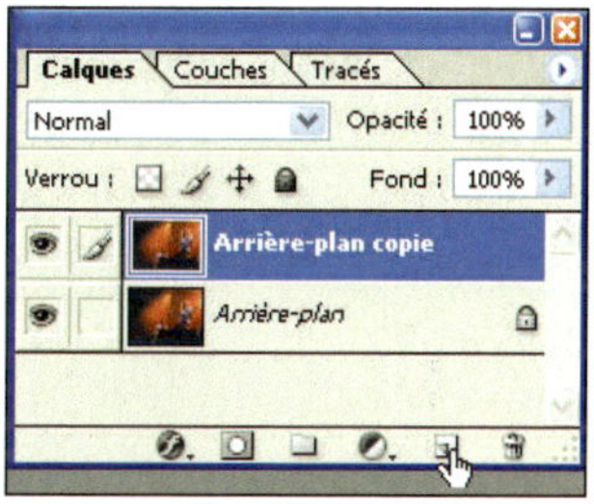

Un calque identique est alors créé.

Placer un fond de couleur

Il est parfois difficile de bien voir si tout a été sélectionné ou si des zones non désirables ont été oubliées lors de l'extraction d'un élément sur un calque. En effet, le fond quadrillé de Photoshop, s'il signifie que le fond est transparent, n'en est pas moins assez peu lisible. Des petites parties peuvent échapper à votre attention, surtout si elles sont de couleur gris-blanc.

L'astuce consiste à créer temporairement un calque de couleur qui permet de mettre en évidence tous les éléments indésirables.

1 Vérifiez que vous avez bien dupliqué le calque contenant votre image originale. Cliquez ensuite sur l'icône *Création de nouveau calque* au bas de la palette *Calques*.

Un nouveau calque est créé.

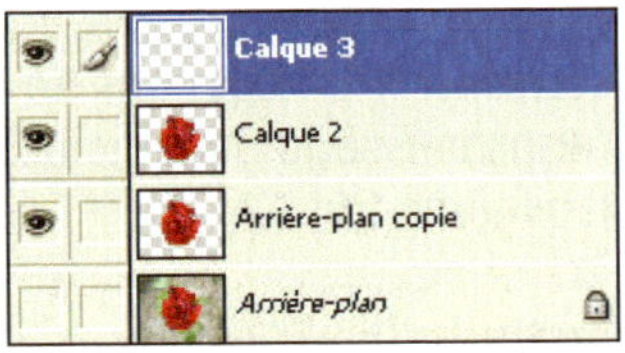

2 Prenez l'outil **Pot de peinture** dans la boîte à outils et double-cliquez sur la couleur de premier plan au bas de la boîte à outils.

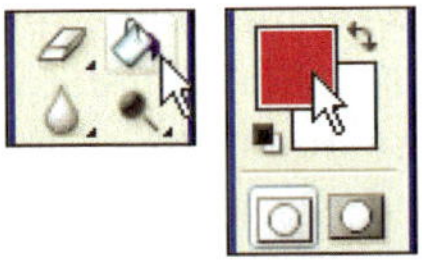

3 Dans la fenêtre qui s'ouvre choisissez une couleur vive comme du bleu. Validez.

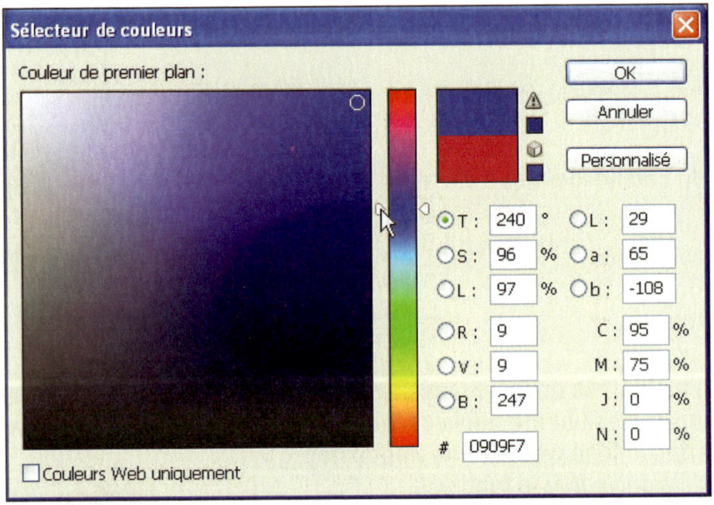

4 Prenez soin de déplacer le calque vide que vous venez de créer juste en dessous du calque qui contient votre objet isolé. Cliquez sur le calque vide pour pouvoir commencer à travailler dessus.

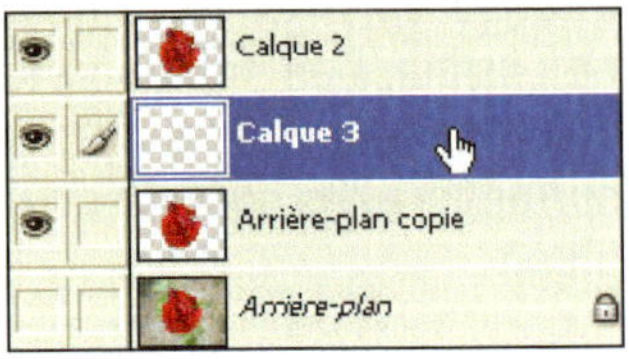

5 Avec le **Pot de peinture**, cliquez sur votre document.

Le calque vide se remplit alors de bleu et les zones parasites qui n'avaient pas été effacées après la sélection sont maintenant bien visibles.

Il ne vous reste plus qu'à effacer ces imperfections avec l'outil **Gomme** et le tour est joué !

Récupérer la sélection d'un calque

Il est parfois nécessaire de sélectionner tous les éléments présents sur un calque. Pour cela, il suffit de maintenir la touche Ctrl enfoncée et de cliquer sur le calque désiré dans la palette *Calques*.

Effacer au lasso

L'outil **Lasso** (comme tous les outils de sélection) peut servir à effacer une zone. Avec l'outil **Lasso**, dessinez la zone que vous désirez effacer sur votre image. Vérifiez bien que vous travaillez sur le calque qui contient les éléments à supprimer. Pressez ensuite la touche Suppr. La zone a été vidée !

Les contours *progressifs*

Parfois, lorsqu'on sélectionne un objet et qu'on l'isole sur un calque, il se peut que le résultat soit trop net, c'est-à-dire que l'objet sélectionné apparaît comme découpé grossièrement. Il est tout à fait possible d'atténuer les bords d'une sélection, pour mieux l'intégrer par la suite dans un montage photographique par exemple.

Lorsque vous sélectionnez un objet au **Lasso**, par exemple, prenez le temps de modifier la valeur du contour progressif avant de commencer à détourer l'objet.

1 Pour cela, sélectionnez l'outil **Lasso** dans la boîte à outils et modifiez la valeur dans la barre d'informations en haut de l'écran.

Une valeur élevée donnera aux contours de votre sélection un fort dégradé. Généralement, on utilise un contour progressif de quelques pixels seulement pour permettre d'atténuer les petites imperfections de la sélection.

2 Sélectionnez l'élément désiré avec le **Lasso** (vous n'avez bien sûr pas oublié de dupliquer le calque avec votre image originale !).

3 Activez ensuite la commande **Sélection/Intervertir** pour sélectionner tout, sauf l'objet que vous voulez isoler. Pressez la touche Suppr pour éliminer le reste de l'image.

4 Pour avoir une vue du résultat de votre travail, masquez le calque d'arrière-plan en cliquant sur l'œil du calque d'arrière-plan dans la palette *Calques*.

5 Pressez les touches Ctrl+D pour désélectionner.

Vous pouvez constater que les bords de l'objet apparaissent maintenant en dégradé. Nous avons volontairement entré une valeur de contour progressif élevée de 15 pixels pour forcer l'effet. À vous maintenant d'apprécier la valeur qui vous convient le mieux !

Lorsque vous avez déjà une sélection active, il est possible de la modifier par le biais du menu **Sélection**.

- Vous pouvez cliquer sur la commande **Sélection/Contour Progressif** et entrer une valeur de contour progressif, par exemple 2, pour avoir un effet très peu prononcé.
- Il est également possible d'activer la commande **Sélection/Modifier**. Là, vous avez notamment le choix de *Dilater* ou de *Contracter* la sélection de quelques pixels. Très pratique lorsqu'on a tendance à « déborder » en réalisant des sélections à l'aide du **Lasso** !

La couleur gris *en mode masque*

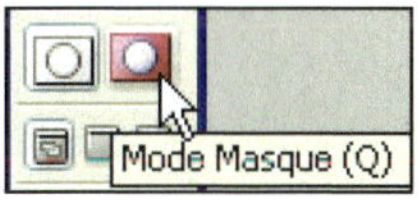

Le mode Masque permet également d'utiliser quelques fonctions intéressantes. En effet, lorsque vous cliquez sur le bouton **Mode Masque**, vous pouvez peindre des zones de l'image qui ne seront pas sélectionnées lorsque vous reviendrez en mode Standard.

Le mode Masque a été abordé page 64.

Lorsque vous peignez avec une couleur très foncée comme du noir, cela a pour effet de sélectionner tous les pixels que vous coloriez. Lorsque vous peignez avec une couleur grise, c'est comme si vous sélectionniez un contour progressif : si votre gris contient 50 % de noir, seulement 50 % des pixels seront sélectionnés lorsque vous repasserez en mode Standard.

Pour changer de couleur de peinture, double-cliquez sur la couleur de premier plan dans la boîte à outils.

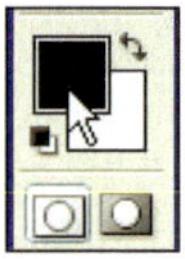

Facilitez-vous le travail !

Si vous avez passé du temps à peaufiner les réglages d'un outil, il serait dommage de ne pas pouvoir en profiter par la suite !

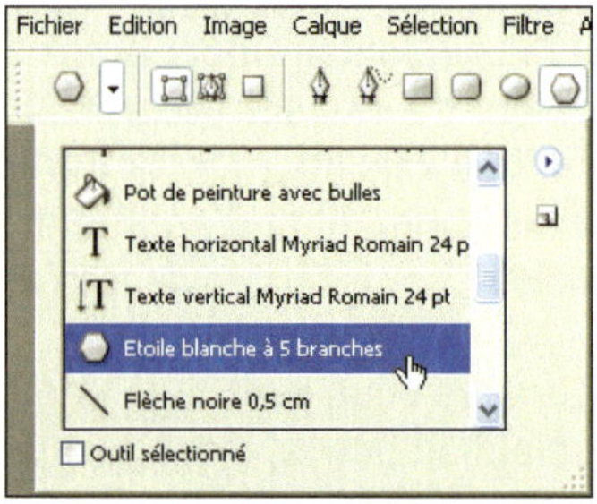

À gauche de la barre des paramètres, le menu d'outils prédéfinis vous permet de sauvegarder vos outils favoris.

1 Activez l'outil de votre choix, par exemple la **Baguette magique** avec une tolérance de 50 pixels. Cliquez sur la flèche dans la barre des paramètres. Dans la petite interface qui apparaît, cliquez sur le triangle situé en haut à droite et sélectionnez **Nouvel outil prédéfini**.

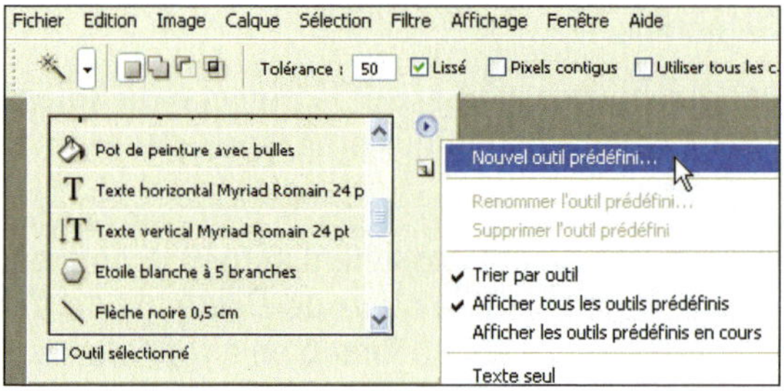

2 Dans la boîte de dialogue, entrez un nom, par exemple `Baguette magique Tolérance 50` et validez.

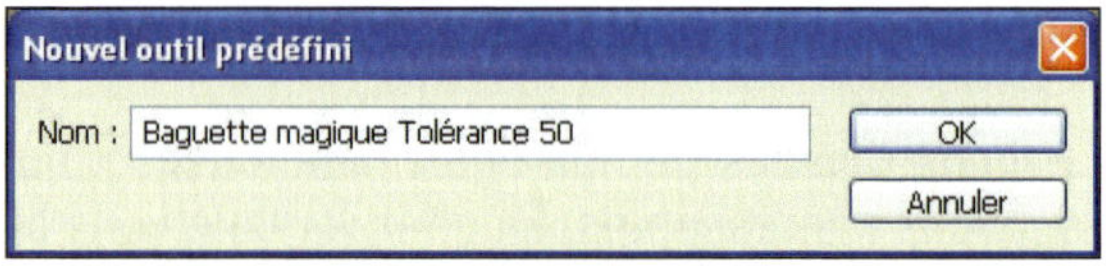

Cet outil sera maintenant disponible directement dans le menu. Plus besoin de régler vos gommes, baguettes magiques et autres outils !

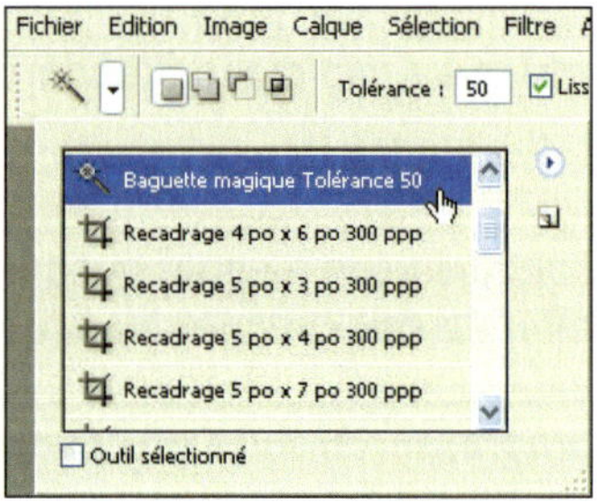

Chapitre 5

Création graphique

Ce chapitre a pour objectif de vous présenter les principales applications de Photoshop dans le domaine de la création graphique. Filtres artistiques, montages photographiques, peinture numérique… la seule limite est votre imagination.

Les filtres

Les premiers pas avec Photoshop se font souvent au travers des filtres. Ces fonctions permettent de réaliser des effets très divers et souvent impressionnants. Ils sont très simples à appliquer sur une image, le résultat est immédiat. Mais pour les utiliser au mieux, il est nécessaire de connaître certaines techniques.

Vous allez utiliser l'image *canard.jpg*, disponible sur le site www.microapp.com.

Appliquer un filtre

1 Ouvrez l'image *canard.jpg* et dupliquez le calque d'arrière-plan en le glissant jusqu'à l'icône de création de calque au bas de la palette *Calques*.

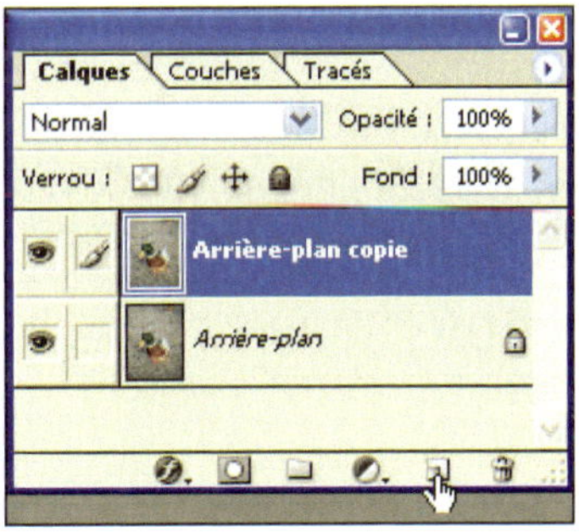

Cela permet de garder à l'arrière-plan la version originale de l'image.

2 Ouvrez le menu **Filtre** et choisissez le filtre qui vous convient sur la liste. Pour l'exemple, activez la commande **Pixellisation/Cristallisation…**.

Attention, bien souvent en choisissant un filtre, on est déçu du résultat ! Seule un peu d'expérience vous permettra de savoir quel sera le rendu d'un filtre.

La plupart des filtres sont paramétrables.

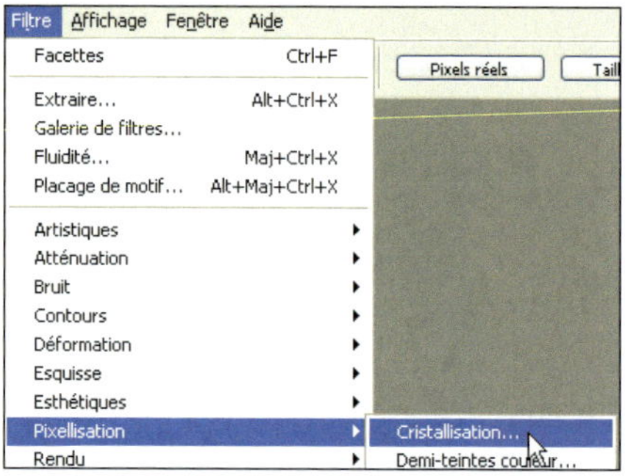

3 Sélectionnez un filtre pour ouvrir la boîte de dialogue des paramètres et régler les différentes composantes du calque grâce à une vignette de prévisualisation du résultat. Validez pour appliquer le filtre à l'image.

Atténuer *un filtre*

Pour atténuer l'effet d'un filtre, la meilleure solution consiste à modifier la fusion des calques.

Si vous avez bien dupliqué votre calque d'arrière-plan et si vous avez appliqué un filtre au calque dupliqué, par exemple le filtre *Cristallisation*, il est très simple de modifier l'effet du calque.

1 Dans la palette *Calques*, cliquez sur le calque filtré pour le rendre actif.

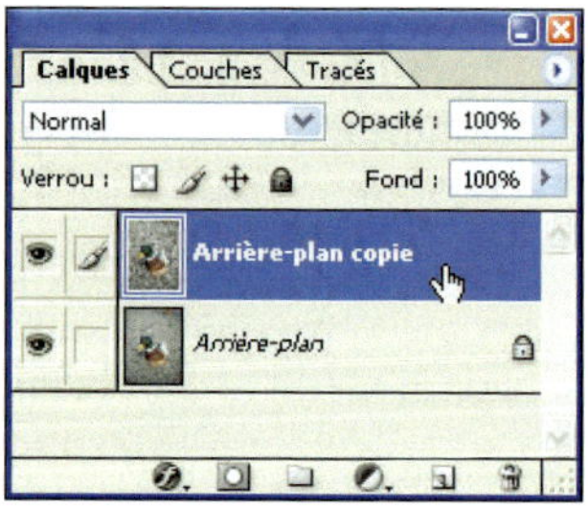

2 Diminuez l'opacité pour faire apparaître progressivement l'arrière-plan. Entrez la valeur 40 %.

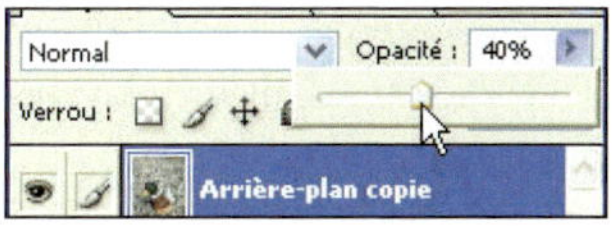

3 Vous pouvez également influer sur le mode de fusion des calques. Choisissez le mode *Lumière crue* (évidemment, vous pouvez appliquer différents filtres sur une même image ou sur un même calque).

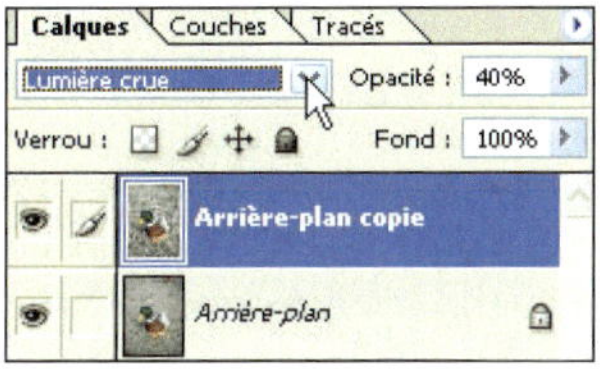

Répéter un filtre

Si vous appliquez plusieurs fois le même filtre à une image, en appuyant successivement sur les touches Ctrl+F, le résultat peut devenir très intéressant.

Quelques filtres intéressants

Étant donné le nombre impressionnant de filtres, nous n'allons pas les détailler tous ici. Expérimentez-les, c'est la seule manière de pouvoir réellement les appréhender !

Certains filtres nécessitent pourtant une attention particulière car ils sont utilisables dans de nombreuses situations. Nous allons nous attarder sur les filtres de flou et le filtre *Eclairage* qui trouvent une utilité dans un grand nombre d'applications.

Le flou

Il existe plusieurs filtres de flou. Chacun d'eux permet d'obtenir un effet bien particulier. Ils peuvent être utiles, entre autres, pour les montages photographiques car ils atténuent les transitions entre des pixels de couleurs différentes. Ils sont tous accessibles par le menu **Filtres/Atténuation**.

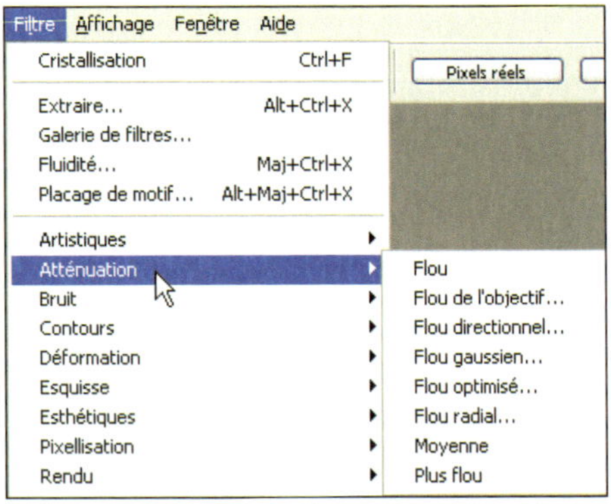

1 Reprenez l'image *canard.jpg*.

2 Dans le menu **Filtre/Atténuation**, sélectionnez le filtre *Flou*.

Un flou uniforme recouvre alors votre image et le rendu est très adouci. Ce filtre ne permettant aucun réglage, vous lui préférerez donc les autres filtres d'atténuation.

Le filtre *Plus flou* fonctionne de la même manière. L'effet est plus accentué.

Le filtre *Flou directionnel* donne l'impression que la photo a été prise à partir d'une voiture en mouvement.

Il est possible de faire varier la direction du flou.

1 Dans l'interface de gestion du filtre qui s'ouvre lorsque vous cliquez sur **Filtre/Atténuation/Flou Directionnel**, réglez directement l'angle désiré dans le champ désigné ou faites tourner la barre noire autour de l'axe à l'aide de la souris.

2 L'intensité est également paramétrable. Pour cela, déplacez le curseur le long de la barre à l'aide de la souris.

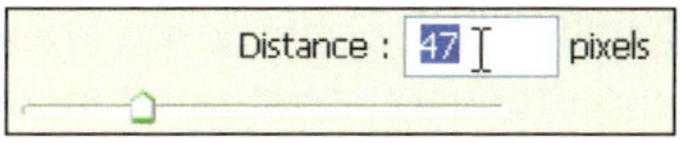

3 Pour visualiser le rendu en temps réel, n'oubliez pas de cocher la case *Aperçu* !

Le filtre *Flou gaussien* permet d'appliquer à l'image un flou uniforme plus ou moins important. Vous verrez plus loin que ce filtre peut servir à la réalisation de boutons en relief pour le Web.

1 Reprenez l'image *canard.jpg* et sélectionnez le menu **Filtre/Atténuation/Flou gaussien**. Dans la boîte de dialogue qui s'ouvre, augmentez ou diminuez l'effet du filtre en déplaçant le curseur à l'aide de la souris.

2 Déplacez l'image dans la vignette de prévisualisation. Lorsque le pointeur passe dessus, il se change en main. En maintenant enfoncé le bouton de la souris, vous pouvez visualiser les différentes parties de l'image. Utilisez les boutons **+** et **-** pour zoomer sur l'image.

Le filtre *Flou optimisé* est idéal pour éliminer les imperfections de la peau ou le grain parfois visible sur les photographies. Activez le menu **Filtre/Atténuation /Flou optimisé** pour appliquer le filtre à l'image *canard.jpg*.

La plupart du temps, pour avoir un résultat correct, il suffit de diminuer la valeur du seuil. Essayez !

Le *Flou radial* fonctionne comme si le photographe avait manipulé son zoom lors de la prise de vue. Le résultat dynamise la photographie !

1 Activez le menu **Filtre/Atténuation/Flou radial**.

2 Choisissez le mode de flou en cochant la case *Mode* correspondante.

Le mode Rotation équivaut à une rotation de l'appareil photo autour de l'axe de l'objectif pendant la prise de vue. Le mode Zoom équivaut à un effet de zoom. C'est cette option qui été choisie ici.

Il n'est pas possible de visualiser directement l'effet sur l'image. Vous pouvez tout de même avoir une idée grâce à la vignette de prévisualisation et juger ainsi de l'intensité à donner.

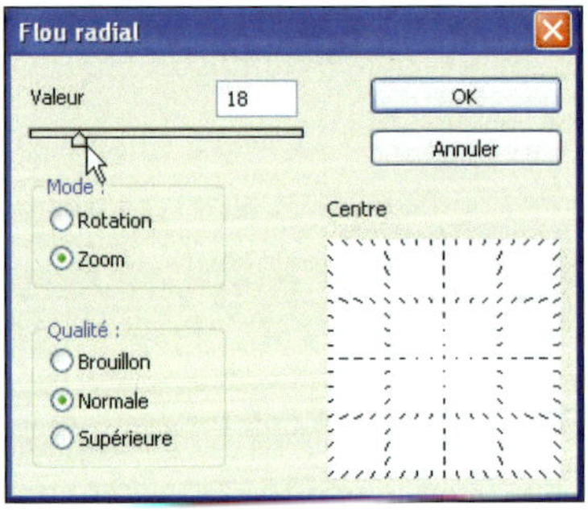

Toujours sauvegarder avant d'aplatir l'image !

Par le menu **Calques/Aplatir l'image**, il vous est possible de fusionner tous les calques de votre composition. Attention ! Lorsqu'une image est aplatie, les calques sont supprimés. Il est ensuite impossible de revenir en arrière. Vous ne pouvez plus récupérer les informations contenues sur les différents calques, même pas le calque d'arrière-plan contenant l'image originale. Sauvegardez toujours une version de votre travail au format *.psd* si vous pensez retravailler l'image plus tard. Notez également que ce format est le seul à garder en mémoire les informations des calques. Les autres aplatissent automatiquement l'image.

L'éclairage

Le filtre *Eclairage* compte parmi les plus complexes. Vous verrez par la suite qu'il peut se révéler indispensable, par exemple pour donner du relief à un objet comme une interface ou un bouton web.

1 Ouvrez le document *canard.jpg* et dupliquez le calque d'arrière-plan. Placez-vous sur le nouveau calque créé.

2 Sélectionnez le menu **Filtre/Rendu/Eclairage**.

Une interface s'ouvre, présentant à gauche une vignette de visualisation de l'effet d'éclairage et à droite une série de paramètres.

3 La liste *Style* vous permet de choisir quel type d'éclairage vous désirez appliquer à l'image. Choisissez le style *Par défaut* qui est l'équivalent d'un spot lumineux assez doux.

4 Le faisceau lumineux est matérialisé par une ellipse. En plaçant le pointeur sur les poignées carrées situées sur son périmètre, vous pouvez modifier la forme et la direction du faisceau. Placez-le à votre convenance.

5 Pour que le filtre ait un effet, cochez la case *Activé*.

6 Vous pouvez déplacer les curseurs des différents paramètres en plaçant le pointeur dessus et en maintenant le bouton de la souris enfoncé. Choisissez les réglages que vous préférez.

7 Sur la liste *Texture*, laissez *Sans* et validez.

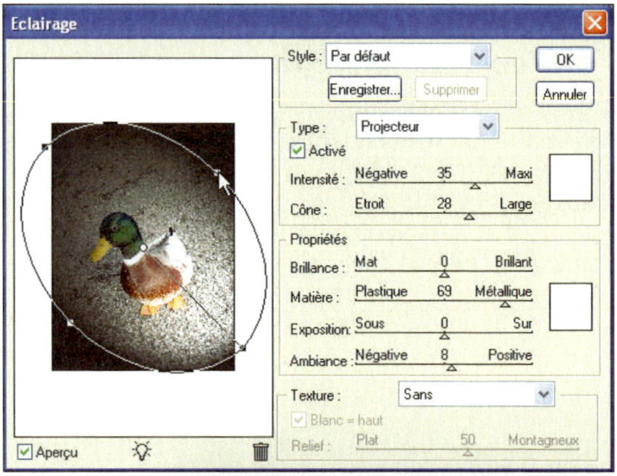

Le calcul peut prendre quelques secondes...

Voici un canard dans les phares d'une voiture !

Colorer un élément de l'image

Colorer un élément d'une image peut être un exercice très ludique pour appréhender les outils de sélection et aborder quelques filtres de calque. Que diriez-vous si la cravate de votre patron devenait rose, que vos cheveux se teignaient en rouge ou que vos yeux prenaient une teinte surréaliste ? Vous allez voir comment arriver à un tel résultat facilement.

Vous allez travailler à partir du fichier *rose.jpg* disponible sur le site www.microapp.com.

L'objectif est ici de donner une couleur bleue à la fleur.

Isoler l'élément *du reste de l'image*

Il vous faut avant toute chose sélectionner la rose. Pour cela, vous avez bien évidemment le choix entre toutes les techniques de sélection que vous avez vues précédemment.

Vous allez travailler en mode Masque pour sélectionner la fleur.

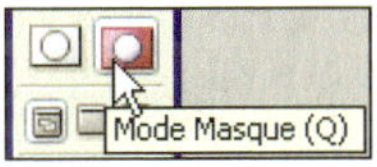

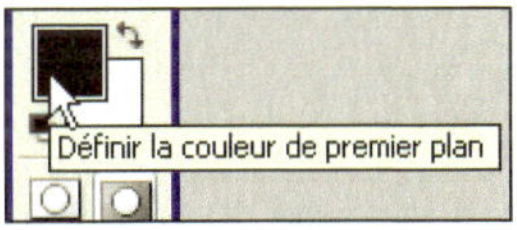

1 Cliquez sur le bouton **Mode Masque** au bas de la boîte à outils. Prenez soin de vérifier que la couleur de premier plan est bien du noir. Sinon, double-cliquez sur le carré de la couleur de premier plan dans la boîte à outils.

2 Prenez l'outil **Pinceau** dans la boîte à outils et commencez à peindre sur votre image, tout autour de la fleur.

3 Lorsque le masque autour de la fleur est terminé, cliquez sur le bouton **Mode standard**.

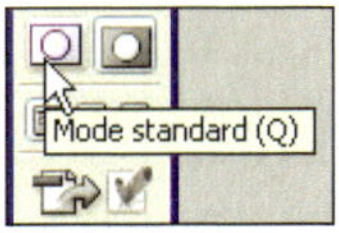

Votre masque devient alors une sélection.

Colorer l'élément sélectionné

Vous avez donc sélectionné la fleur, le plus dur est donc fait. Vous allez lui appliquer une couleur bleue.

1 Affichez la palette *Calques*, si elle n'est pas déjà ouverte sur votre plan de travail, via la commande **Fenêtres/Calques**. Cliquez ensuite sur l'icône *Création de Calque de remplissage ou de réglage* au bas de la palette. Choisissez **Couleur unie**.

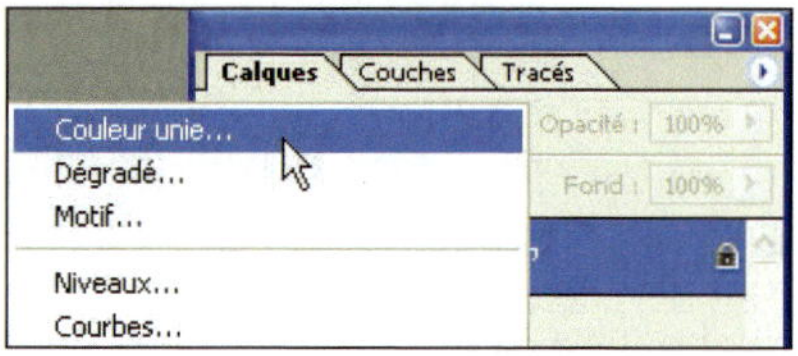

Une nouvelle fenêtre s'ouvre alors. Elle vous permet de choisir la couleur avec laquelle vous allez teindre la rose.

2 Choisissez une nuance sur la barre verticale de couleur, par exemple du bleu, et affinez-la dans l'espace où se présentent les dégradés.

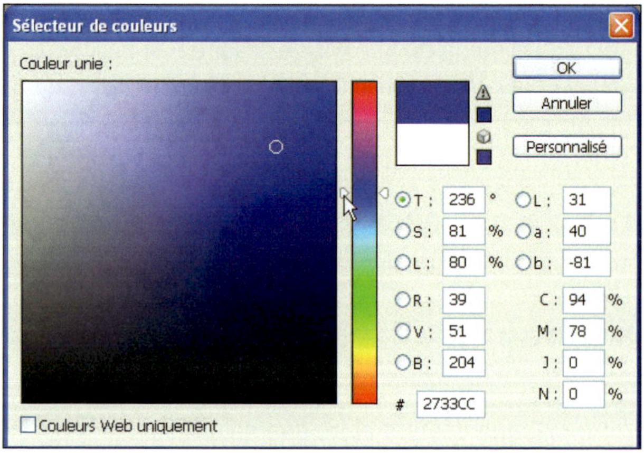

Votre palette *Calques* devrait maintenant présenter un nouveau calque distingué par deux vignettes. La vignette gauche présente la couleur que vous avez choisie. La vignette droite montre le masque que vous avez utilisé pour appliquer la couleur à l'image.

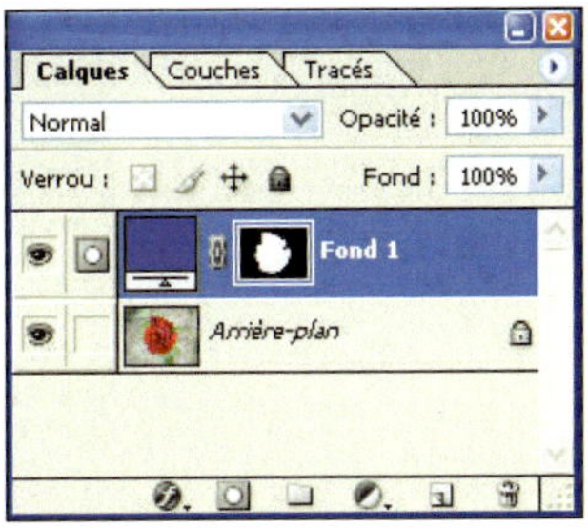

Votre image a également bien changé.

Vous allez donc lui redonner une légère transparence pour que l'effet soit réaliste.

3 Cliquez sur la liste de mode de fusion située en haut à gauche sur la palette *Calques*. Choisissez *Teinte*.

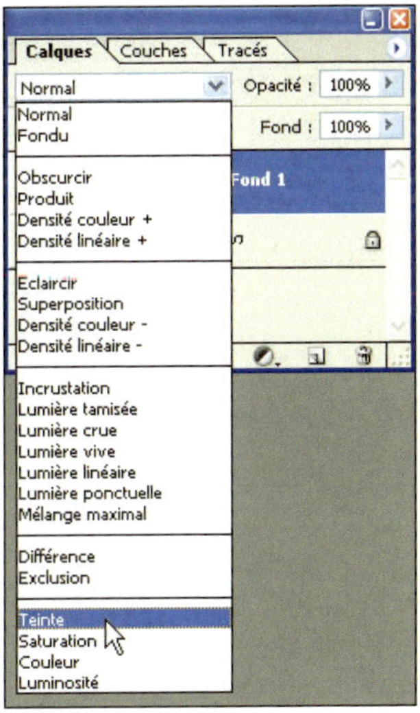

Le résultat est bien meilleur ainsi !

En cliquant sur la vignette de couleur dans la palette *Calques*, vous aurez la possibilité de choisir une autre teinte pour votre fleur. Toutes les extravagances sont permises !

Alternative : *l'outil Remplacement de couleur*

L'outil **Remplacement de couleur** peut également être utile pour ce genre de travaux. Il est plus simple que la technique utilisée plus haut, mais il est également plus difficilement modifiable. Prenez donc soin avant de commencer à travailler sur une image de bien dupliquer le calque sur lequel vous souhaitez effectuer les modifications de couleur.

Vous allez utiliser l'image *œufs.jpg* disponible sur le site www.microapp.com. Vous allez changer la couleur d'un des œufs présents sur l'image.

1 Dupliquez le calque qui contient l'image à modifier en le glissant jusqu'à l'icône de nouveau calque en bas de la palette *Calques*.

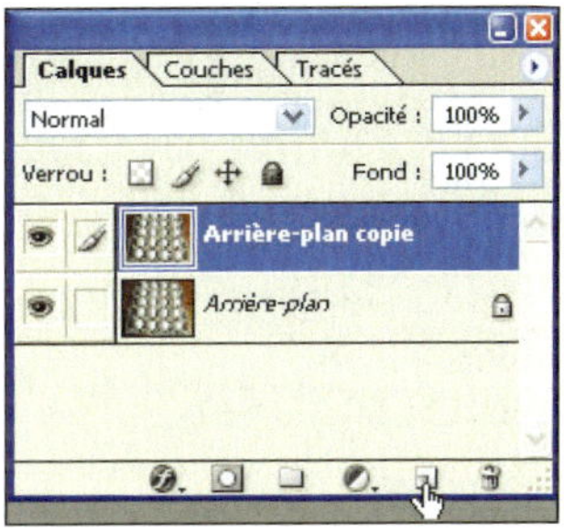

2 Choisissez dans la boîte à outils, l'outil **Remplacement de couleur**. Si vous ne le voyez pas, cliquez sur l'outil **Correcteur** avec le bouton droit de la souris.

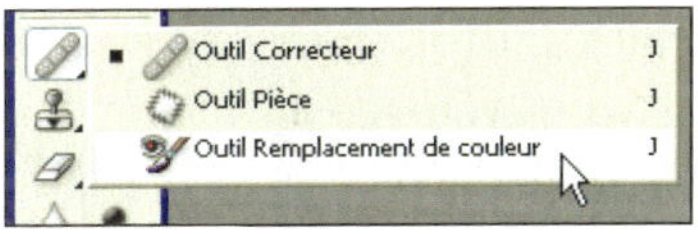

Vous allez repeindre un œuf en bleu…

3 Affichez la palette **Nuancier** en choisissant **Nuancier** dans le menu **Fenêtre**. Cliquez ensuite sur la couleur bleue.

4 Dans la barre d'informations située en haut de l'interface de travail, prenez bien soin d'entrer les paramètres suivants :

- *Forme* : 13.
- *Mode* : *Couleur*.
- *Echantillonnage* : *une fois*.

- *Limites* : *Discontinues*.
- *Tolérance* : 55%.
- *Lissé* : cochez la case.

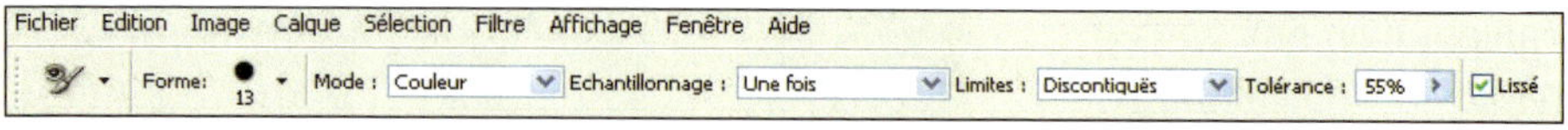

5 Placez le pointeur sur un œuf, au niveau d'un gris clair. Commencez à peindre.

Le gris clair et les tons approchants autour changent de couleur, mais lorsque vous dépassez la couleur, le bleu n'est pas appliqué !

Si vous n'arrivez pas à tout peindre en bleu, cela signifie que vous devez rééchantillonner la couleur de référence.

6 Pour cela, cliquez sur une nouvelle zone de l'œuf dont la couleur correspond à la zone non encore colorisée.

Votre œuf est maintenant bleu ! Cette technique est également efficace pour corriger l'effet des yeux rouges produit par les flashs.

Séparer une sélection sur un calque rapidement

Lorsque vous avez sélectionné une partie de l'image, placez le pointeur sur cette sélection et cliquez avec le bouton droit de la souris. Dans le menu qui apparaît, sélectionnez **Calque par couper**. Un nouveau calque contenant la sélection est créé, laissant vide l'emplacement original.

Interrompre une opération en cours

Si votre image est très grande ou si elle a une résolution très élevée, les temps de calcul pour l'application de certains calques peuvent être assez longs. Pour annuler l'opération en cours, pressez la touche Echap.

Peindre avec Photoshop

Bien que la vocation première de Photoshop ne soit pas d'être un logiciel de dessin, certains outils permettent d'obtenir des résultats très intéressants, qui pourront vous permettre d'agrémenter vos images et d'exprimer votre créativité.

Les options de peinture sont très nombreuses et vous allez ici vous intéresser à leur fonctionnement.

1 Pour commencer, créez un nouveau document en pressant les touches Ctrl+N. Choisissez les options par défaut dans la fenêtre qui s'ouvre :

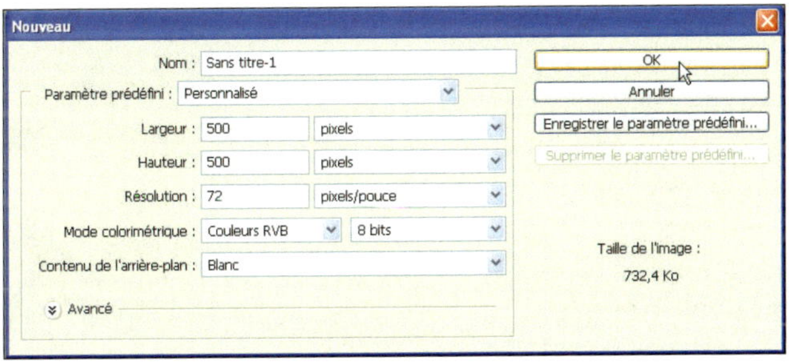

- *Largeur* : 500 pixels.
- *Hauteur* : 500 pixels.
- *Résolution* : 72 pixels par pouce.
- *Mode colorimétrique : RVB - 8 bits.*
- *Contenu de l'arrière-plan : Blanc.*

D'une manière générale, pour peindre sur une image ou un document, il est préférable, comme souvent, de créer un calque situé au-dessus de l'arrière-plan.

2 Cliquez sur l'icône *Création de calque* dans la palette *Calques*.

3 Cliquez sur le calque avec le bouton droit de la souris et choisissez **Propriétés de calque** dans le menu contextuel.

4 Saisissez `Peinture` dans le champ *Nom* et validez.

Sélectionner *un Pinceau*

1 Pour dessiner sur un document, sélectionnez l'outil **Pinceau** dans la boîte à outils ou pressez la touche [B].

2 Dans la boîte à outils, cliquez sur l'icône de couleur de premier plan. Choisissez une couleur dans la palette des couleurs.

3 Maintenez le bouton de la souris enfoncé, et dessinez des formes sur le document.

Personnaliser *le Pinceau*

Photoshop propose une série de pinceaux originaux prêts à l'emploi. Ils sont accessibles très simplement.

1 Avec l'outil **Pinceau**, dans la barre des paramètres, cliquez sur la flèche près de l'icône de forme du **Pinceau**.

Le Sélecteur de formes prédéfinies s'ouvre.

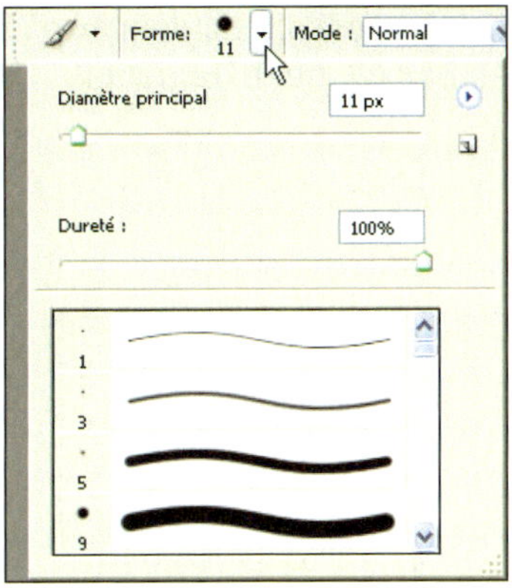

2 En déplaçant le curseur de diamètre principal, modifiez la taille du **Pinceau**.

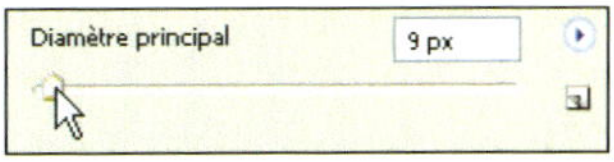

3 Faites défiler d'autres formes de pinceaux dans le Sélecteur grâce à la barre de défilement. Un aperçu du trait du **Pinceau** devrait être visible pour chacun d'entre eux. Si ce n'est pas le cas, cliquez sur le triangle situé en haut à droite de la boîte de dialogue et sélectionnez **Vignette du contour**.

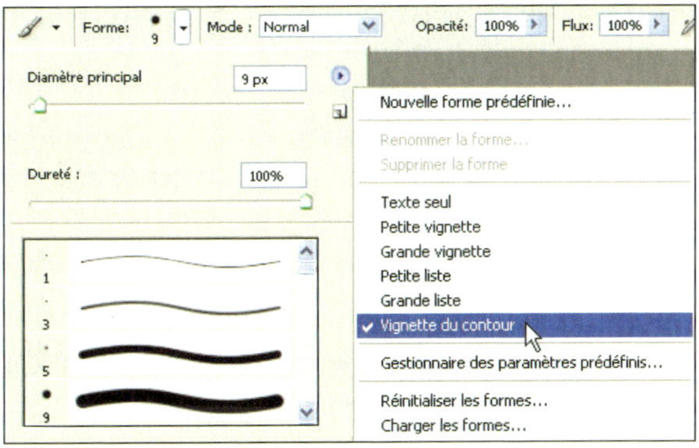

4 Lorsque vous avez trouvé la forme de pinceau qui vous convient, cliquez sur la vignette d'aperçu correspondante.

Un cadre noir se forme autour de cette dernière, signifiant que vous avez sélectionné la forme de pinceau.

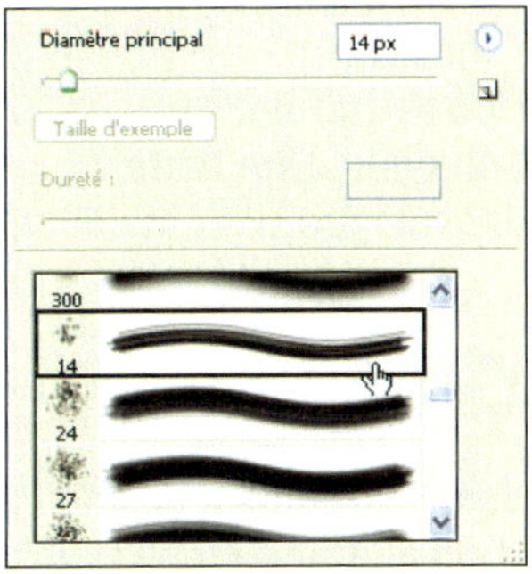

Si aucune forme ne vous convient, pas de panique, Photoshop dispose de plusieurs palettes de pinceaux !

5 Pour y accéder, cliquez sur la flèche bleue située en haut à droite du Sélecteur de formes.

Les groupes de pinceaux se situent en bas du menu déroulant.

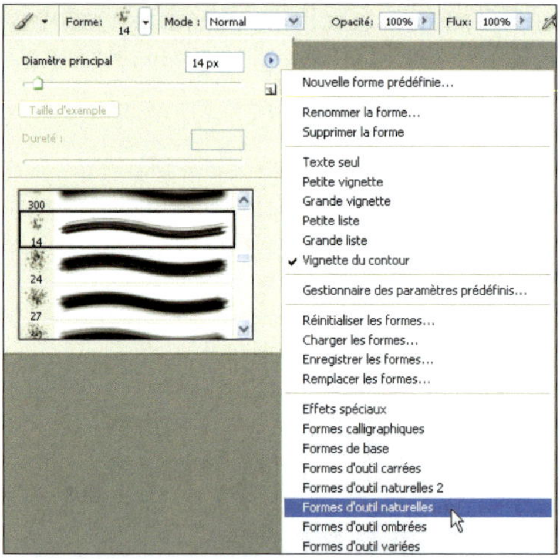

6 Sélectionnez le groupe *Formes d'outil naturelles*. Dans la boîte de dialogue, le programme vous demande si vous désirez remplacer les formes actives.

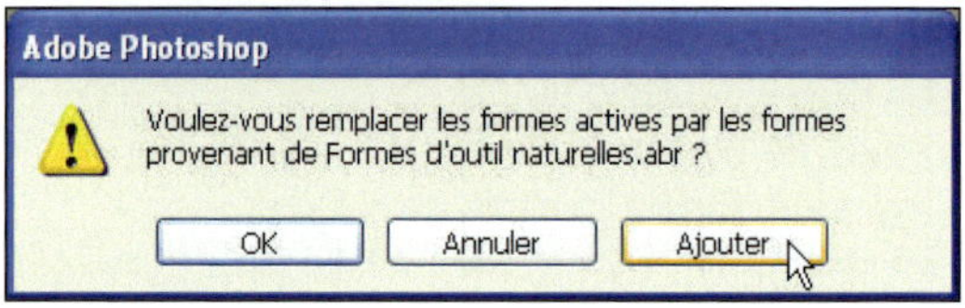

7 Cliquez sur OK pour valider ou sur **Ajouter** pour ajouter les formes d'outils naturelles aux formes déjà présentes dans la palette.

Toutes les palettes de formes sont mémorisées sur votre ordinateur et seront donc disponibles à tout moment par la suite.

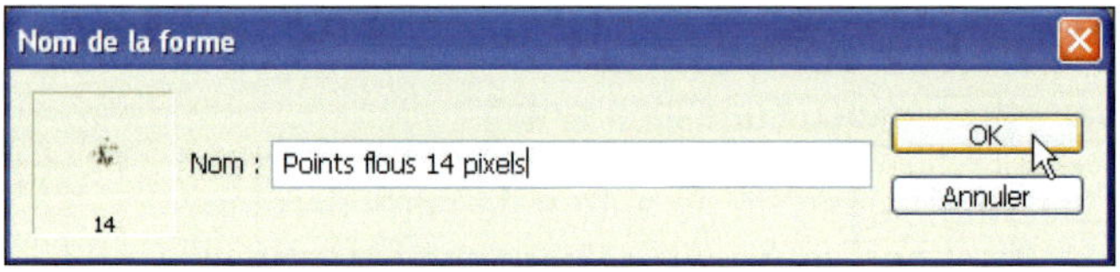

Vous pouvez renommer le **Pinceau** en cliquant sur l'icône à droite du Sélecteur. Une boîte de dialogue vous invite alors à saisir le nouveau nom.

Créer *ses propres pinceaux*

Vous avez vu les possibilités offertes par le Sélecteur de formes prédéfinies. Vous allez maintenant voir la création de pinceaux sur mesure. Certaines des étapes proposées sont facultatives, mais elles permettent d'avoir une vision plus complète des manipulations possibles.

1 Créez un nouveau document (Ctrl+N) à fond blanc, de la taille du pinceau que vous voulez créer. Par exemple : 150 pixels de largeur sur 100 pixels de hauteur.

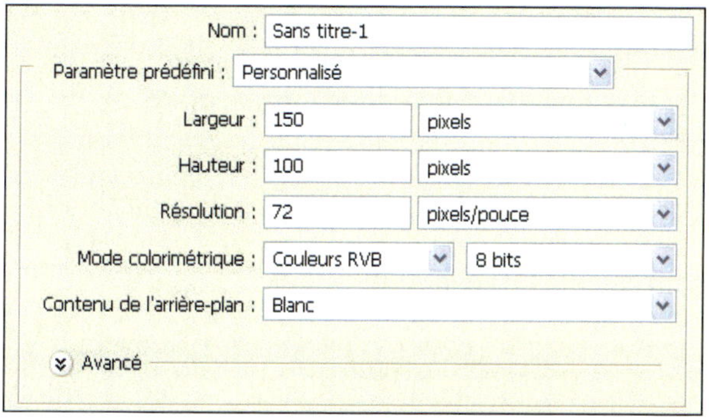

2 Dans la boîte à outils, placez-vous sur l'outil de création de formes vectorielles. Cliquez avec le bouton droit de la souris et sélectionnez l'outil **Forme personnalisée** dans le menu qui apparaît.

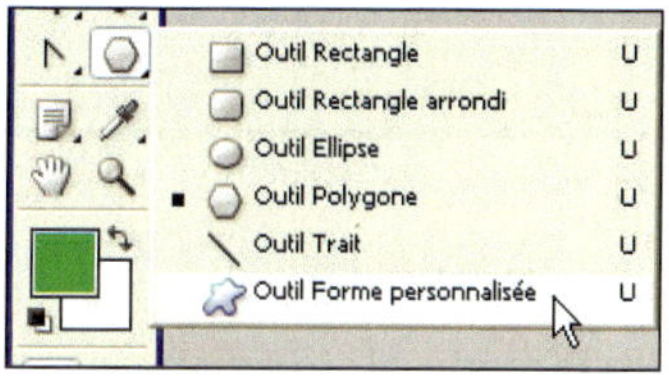

3 Dans la barre des paramètres, cliquez sur la flèche pour ouvrir le Sélecteur de formes personnalisées. Ce dernier fonctionne de la même manière que le Sélecteur de formes de pinceau. Cliquez sur une forme qui vous convient. Sélectionnez la forme **Herbe 2**.

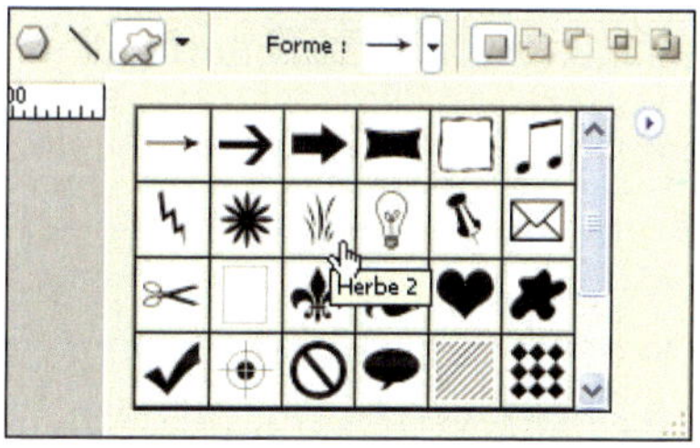

4 Placez-vous à un angle de votre document et, en maintenant le bouton de la souris enfoncé, déplacez-vous jusqu'à l'angle opposé. Relâchez le bouton.

Votre forme est maintenant en place sur un calque séparé. Vous pouvez lui appliquer autant d'effets que vous le voulez (filtres, opacité...) et lui ajouter d'autres formes.

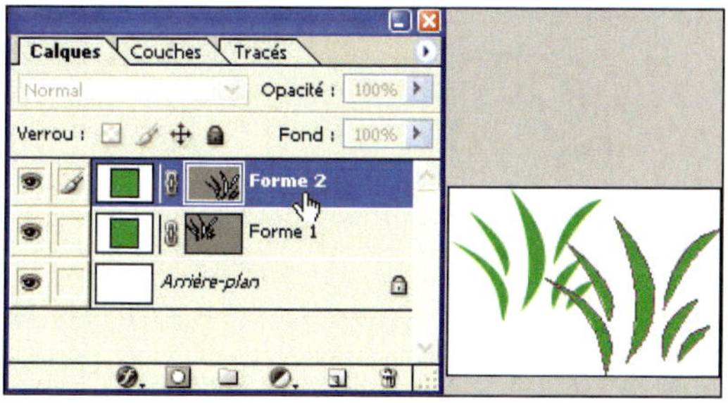

5 Dans le menu **Calque**, sélectionnez **Aplatir l'image**.

Les calques sont alors fusionnés.

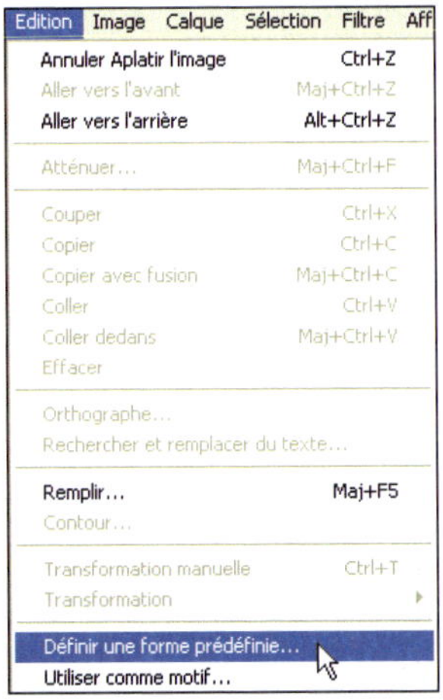

6 Cliquez sur **Edition/Créer une forme**. Saisissez un nom pour cette nouvelle forme, par exemple `Herbe double`.

Une forme de pinceau est alors créée à partir de votre document. Les parties blanches de ce dernier sont rendues transparentes.

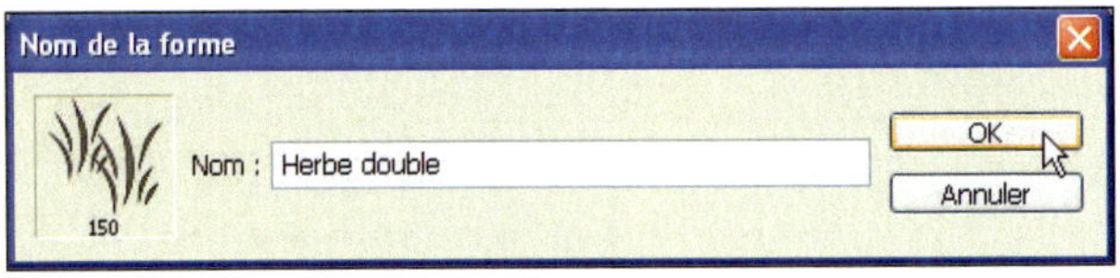

7 Sélectionnez l'outil **Pinceau**.

L'interface de gestion des formes est disponible à partir de l'onglet **Formes** situé en haut à droite de l'interface.

8 Ouvrez-la. Dans le menu gauche, cliquez sur **Forme de la pointe**. Sélectionnez la forme que vous venez de créer en cliquant sur la vignette correspondante.

Un aperçu du trait est visible en bas de l'interface.

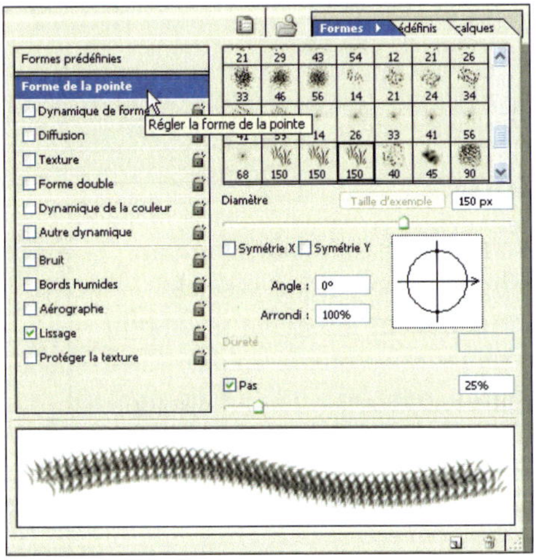

9 En déplaçant le curseur de diamètre, vous pouvez ajuster ce dernier et voir l'aperçu en temps réel au bas de l'interface.

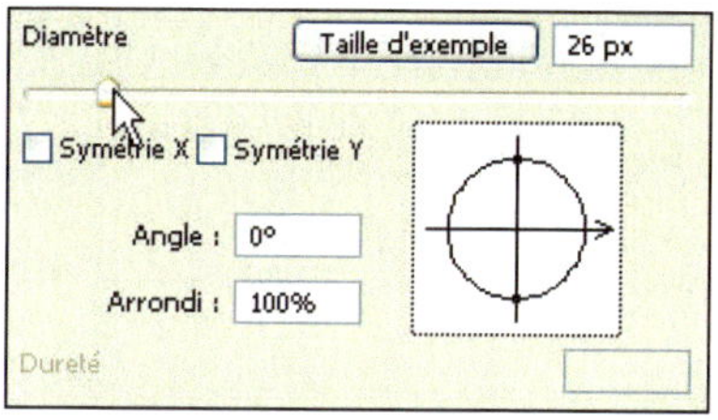

10 Pour déformer votre pinceau, vous pouvez manipuler le cercle avec la souris : les points noirs sur le périmètre permettent d'aplatir la forme alors que la flèche permet de la faire pivoter.

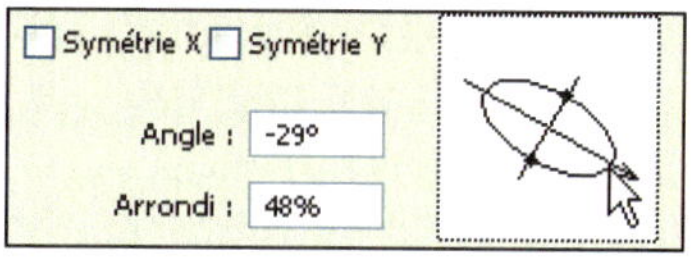

Le pas est la distance qui sépare deux formes. Si le pas est très petit, les formes seront très rapprochées et le rendu global sera un trait uniforme. Si le pas est plus grand, la forme du pinceau est tamponnée sur le document, dans le sens du trait.

11 Si ce n'est pas déjà fait, cochez la case *Pas*. Réglez sa valeur à l'aide du curseur situé juste en dessous.

Le résultat est visible dans l'aperçu en temps réel.

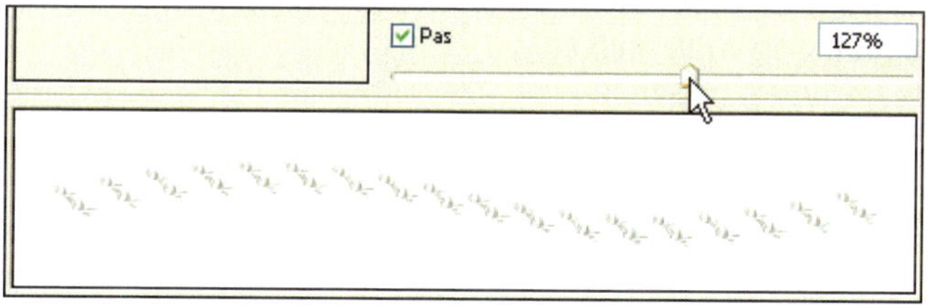

De nombreuses **options dynamiques** sont envisageables.

Option dynamique

Une option dynamique permet de faire varier un paramètre (la couleur du trait, la forme...) au fur et à mesure que le trait est dessiné.

Elles sont toutes disponibles à partir du menu situé à gauche de l'interface de gestion des pinceaux.

1 Pour activer une dynamique, cochez la case correspondante. Pour accéder à ses paramètres, cliquez sur son nom.

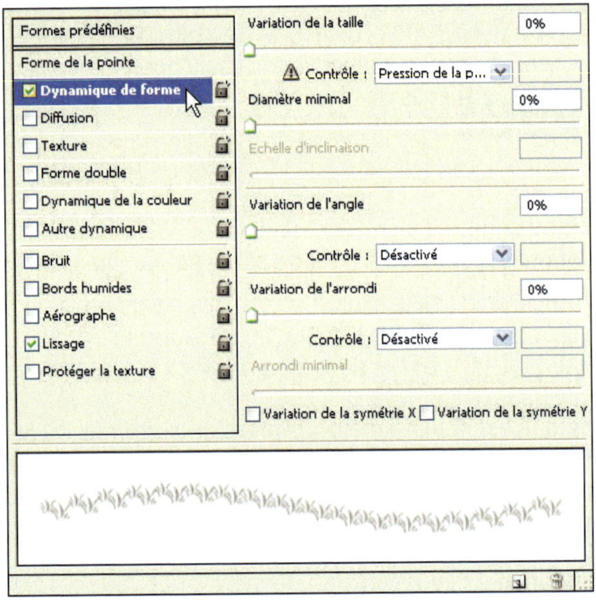

2 Affichez les paramètres de dynamique de forme. Réglez tous les paramètres sur 0 % et désactivez les variations de taille et d'arrondi. Pour le paramètre de variation de l'angle, déroulez la liste *Contrôle* et sélectionnez *Direction*. Ainsi, la forme du **Pinceau** suivra la direction du trait lorsque vous dessinerez.

Sur un nouveau document, vous pouvez tester votre nouvelle plume ! Vous pouvez également expérimenter les différentes options et créer vos propres pinceaux.

L'opacité de fond

Dans la palette *Calques*, sous le champ *Opacité*, se trouve un autre paramètre qui modifie l'opacité de fond. Il agit spécifiquement sur les éléments peints ou dessinés sur le calque actif et non sur les différents styles appliqués. Dans le cas de la modification de la couleur des yeux, ce sont uniquement des éléments peints avec le **Pot de peinture**. Les fonctions Opacité et Fond ont donc le même effet.

Chapitre 6

Webdesign

Photoshop est avant tout un logiciel de traitement d'image, mais, depuis longtemps, les créateurs de sites web utilisent les capacités de Photoshop pour créer des interfaces et des éléments graphiques pour le web.

Les photographes néophytes en technologie Internet pourront même créer leur propre site web pour présenter leur portfolio en ligne, automatiquement, en moins de 2 minutes !

Créer les éléments d'une page

Vous allez voir dans les lignes suivantes comment créer les différents éléments graphiques nécessaires à la création d'une page web : titres, boutons et photographies.

Créer un document *destiné au Web*

1 Cliquez sur **Fichier/Nouveau** (Ctrl+N). Dans la boîte de dialogue, définissez une largeur de 400 pixels, une hauteur de 250 pixels et réglez la résolution sur 72 pixels par pouce.

Cette dernière valeur correspond à la résolution d'un écran d'ordinateur. Si vous créez un document d'une résolution supérieure, cela n'augmentera pas la qualité de l'image, mais le poids du fichier !

Pour plus de précisions sur la résolution d'une image, reportez-vous page 26

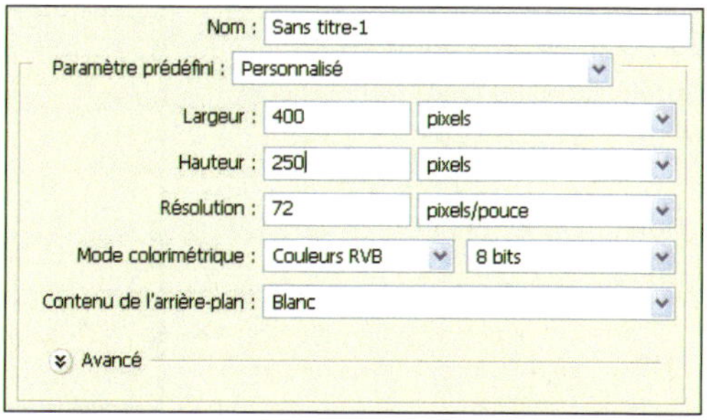

2 Choisissez le mode de couleur : *Couleur RVB* (voir page 22) – abréviation de rouge, vert, bleu et un fond blanc pour mettre en valeur les éléments que vous allez créer. Cochez la case *Blanc*. Validez.

3 Créez un nouveau calque en cliquant sur l'icône *Création de nouveau calque* dans la palette *Calques*.

Vous allez travailler sur ce calque vierge.

Vous avez maintenant une zone de création bien adaptée au Web. Vous allez commencer par créer un titre stylisé.

Créer un titre

Beaucoup pensent que la réalisation d'un titre graphique travaillé demande des heures de travail et des années d'expérience. Photoshop vous permet d'obtenir des résultats très corrects sans effort.

Les techniques décrites dans ce chapitre conviennent très bien pour la création d'un logo également !

Voici le résultat auquel vous allez aboutir en quelques minutes :

Saisir et corriger le texte

1 Dans la boîte à outils, cliquez sur l'icône de texte horizontal ou pressez la touche [T].

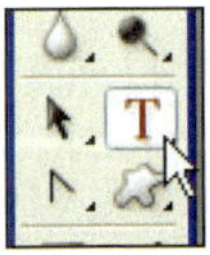

2 Placez-vous sur le document et cliquez à l'endroit où vous souhaitez que le texte commence. Un curseur horizontal clignote. Tapez votre texte, par exemple `Adobe Photoshop`. Peu importe la couleur ou la taille du texte pour l'instant.

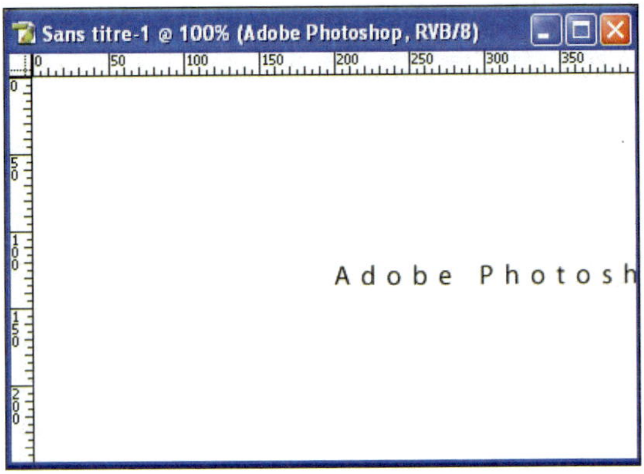

Il est possible que le texte déborde du document.

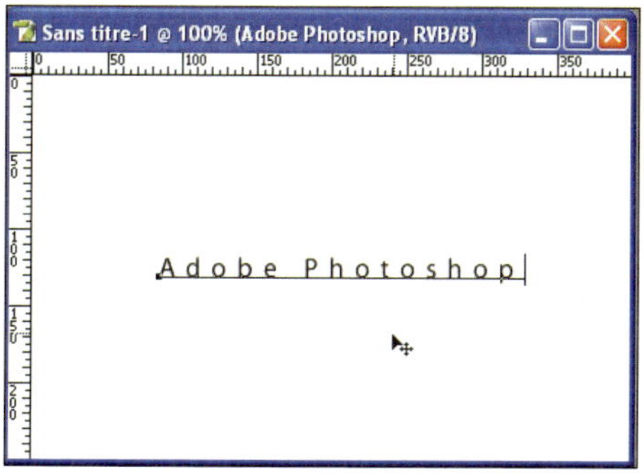

3 Pour le repositionner, placez le pointeur sur le document, il se change en flèche noire de déplacement. Glissez votre texte à l'endroit souhaité et reprenez la saisie.

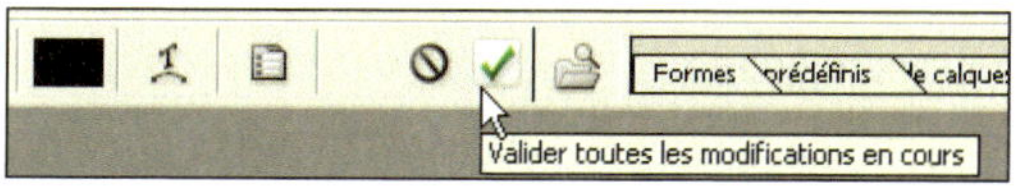

4 Quand vous avez terminé, cliquez sur le bouton de validation situé dans la barre des paramètres.

Le texte que vous venez de taper est automatiquement placé sur un nouveau calque portant le nom du texte.

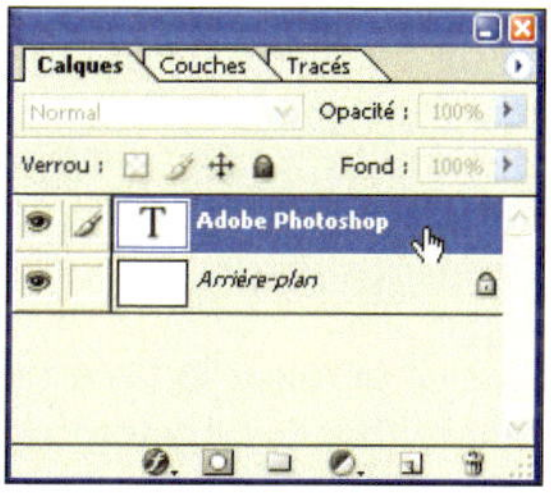

5 Pour le voir, cliquez sur **Fenêtre/Calques**.

Comme sur la plupart des éditeurs de texte, Photoshop est doté d'un correcteur orthographique. Son utilisation peut se révéler utile dans certains cas pour indiquer les mots mal orthographiés.

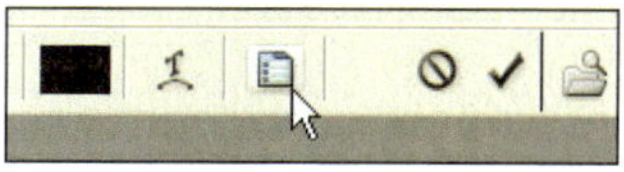

1 Sélectionnez le calque où se trouve le texte à vérifier. Cliquez sur le bouton d'activation des palettes de texte.

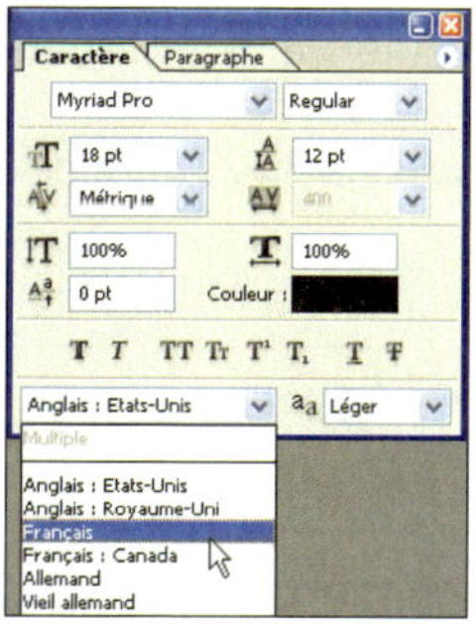

2 Dans la palette qui s'ouvre, sélectionnez la langue du dictionnaire que vous voulez utiliser pour la vérification.

3 Dans le menu **Edition**, cliquez sur **Orthographe**.

Si Photoshop rencontre un mot avec une orthographe inconnue, une fenêtre s'ouvre, vous proposant plusieurs corrections possibles.

4 Choisissez celle qui vous convient ou ignorez la proposition.

Lorsque la vérification est terminée, une notification apparaît.

Définir les paramètres du texte

La palette *Caractère* permet d'intervenir sur le texte (ou une partie de celui-ci) pour modifier l'apparence des lettres.

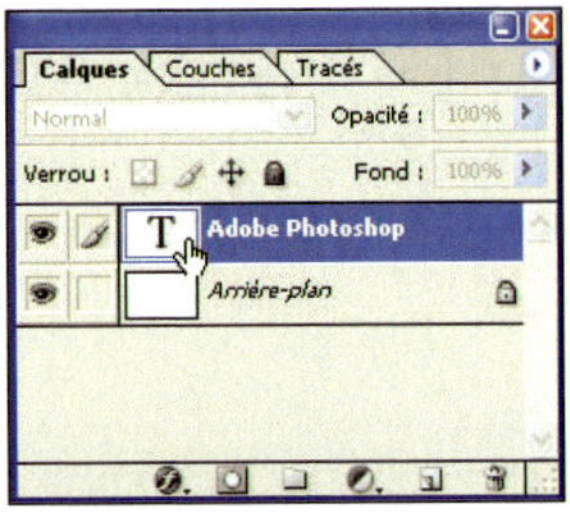

1 Pour sélectionner tout le texte du calque, double-cliquez sur la vignette de texte dans la palette *Calque*.

2 Cliquez sur **Fenêtre/Caractère**.

La palette *Caractère* apparaît.

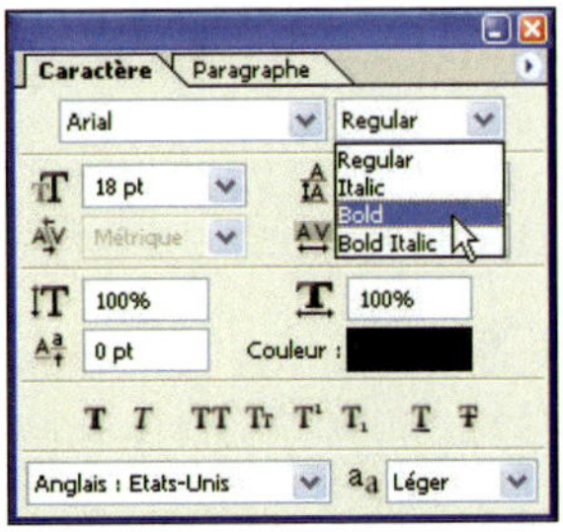

3 Sur la liste des polices, choisissez *Arial* et réglez l'épaisseur sur *Bold* (gras).

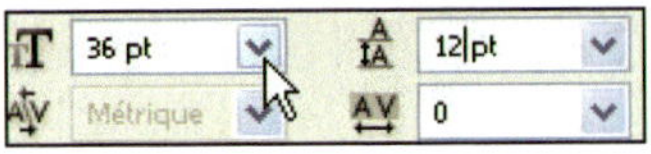

4 Choisissez la taille de la police. Si besoin, rapprochez les caractères à l'aide de la liste située sur la ligne en dessous.

Vous pouvez également déformer les lettres en les aplatissant ou en les étirant. Plus le pourcentage est élevé, plus les lettres s'étalent. Plus il est réduit, plus les lettres se rétractent.

5 Laissez l'étirement par défaut de *100%*.

6 Juste en dessous des paramètres de déformation des lettres se trouve une case colorée. Cliquez dessus pour déterminer la couleur du texte à partir d'un nuancier. Choisissez la couleur noire.

Le choix n'a pas d'importance car vous appliquerez un style au texte par la suite. La couleur et l'aspect général seront alors modifiés.

La dernière ligne présente une liste d'options intéressantes. Elle permet de marquer plus ou moins les contours du texte.

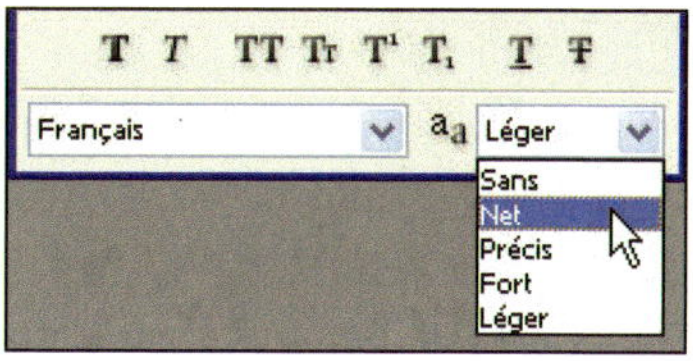

7 Essayez les différents modes. Choisissez *Net* pour l'exemple utilisé ici, c'est le mode le plus approprié.

8 Lorsque vous êtes satisfait du résultat, cliquez sur le bouton de validation dans la barre des paramètres.

Les paragraphes

Si votre texte s'étale sur plusieurs lignes, vous pouvez accéder à la palette *Paragraphes* en cliquant sur l'onglet **Paragraphe** dans la palette *Caractère* ou en activant la commande **Fenêtre/Paragraphe**. Elle vous permet de choisir différents paramètres, par exemple la justification du texte.

Déformer le texte

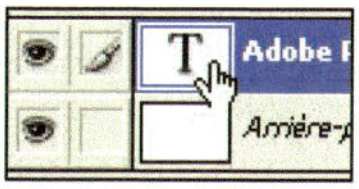

1 Sélectionnez le texte avec les paramètres que vous venez de régler en cliquant sur l'icône *Texte* dans la palette *Calques*.

2 Cliquez ensuite sur le bouton **Création de texte déformé** dans la barre des paramètres.

3 Dans la boîte de dialogue qui s'ouvre, sélectionnez *Onde* sur la liste *Style*. Réglez ensuite les paramètres comme vous le désirez. Cette opération est facilitée par un aperçu en temps réel sur l'image. Choisissez une inflexion horizontale d'amplitude 30.

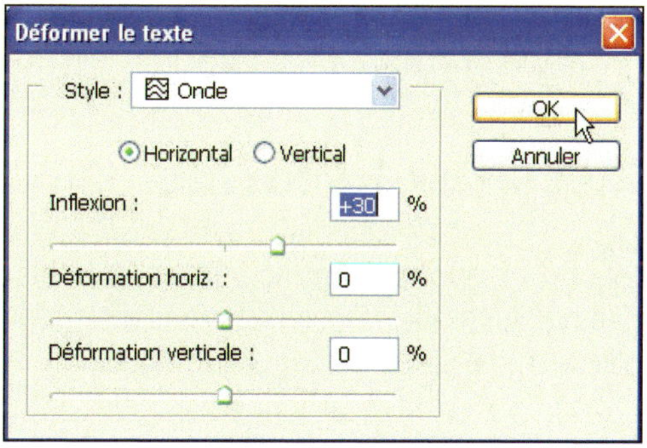

Donner du style au texte

Vous allez maintenant appliquer un style prédéfini au texte afin de le rendre un peu plus original.

1 Sélectionnez le calque de texte et ouvrez la palette des styles en cliquant sur **Fenêtre/Styles**. Vous trouvez dans cette palette plusieurs effets à donner au calque. Faites votre choix, par exemple *Estampage jaune d'or*.

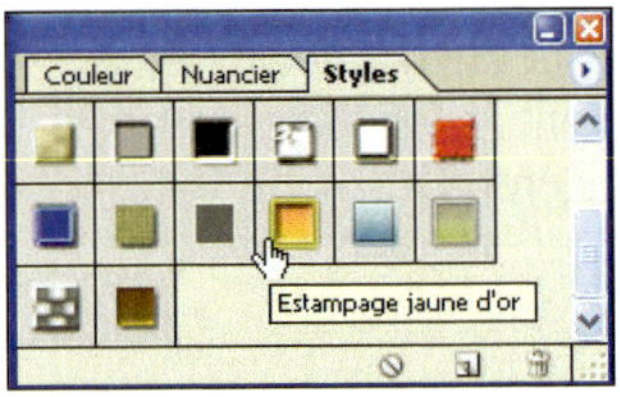

2 Si vous ne trouvez pas le style qui vous convient, ouvrez le menu de la palette en cliquant sur le triangle bleu situé en haut à droite. En bas du menu qui apparaît, vous trouvez une série de groupes de styles à explorer. Le style *Estampage jaune d'or* se trouve dans le groupe *Effets de texte 2*.

3 Pour appliquer le style, un simple clic sur la vignette correspondante suffit. Quand vous avez terminé, fermez la palette des styles.

Et voilà, votre titre est créé !

Créer un bouton original *en relief*

Dans une page web, les boutons peuvent revêtir des aspects très divers. S'ils sont bien réalisés, ils donneront au premier coup d'œil un aspect original à un site. Cette section va vous permettre de créer un véritable bouton de webdesigner !

Dessiner la forme du bouton

1 Créez un document de 250 x 250 pixels avec une résolution de 72 pixels par pouces sur un arrière-plan blanc et créez un nouveau calque.

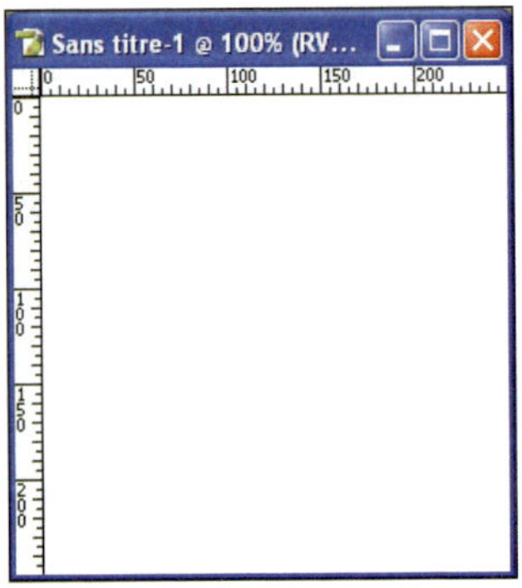

2 Cliquez sur **Affichage/Règles**.

Des graduations se mettent en place sur les contours du document.

3 Ouvrez à nouveau le menu **Affichage** et vérifiez que la commande **Magnétisme** est cochée. Placez le pointeur sur la règle horizontale et, en maintenant le bouton de la souris enfoncé, glissez un repère jusqu'à la moitié de votre document. Faites de même avec la règle verticale.

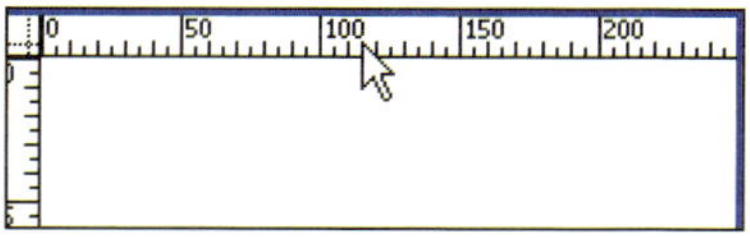

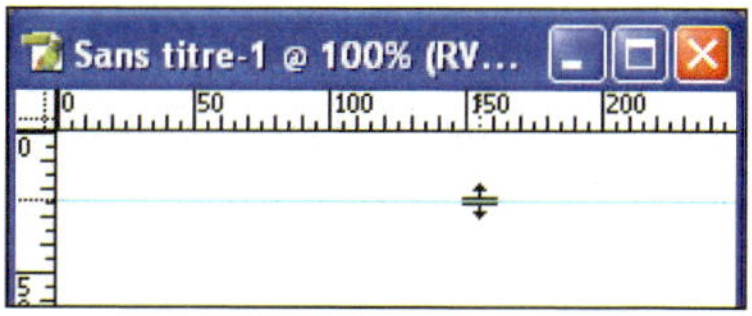

Si le calque d'arrière-plan est sélectionné, l'option de magnétisme permet au repère d'être attiré par le milieu du document.

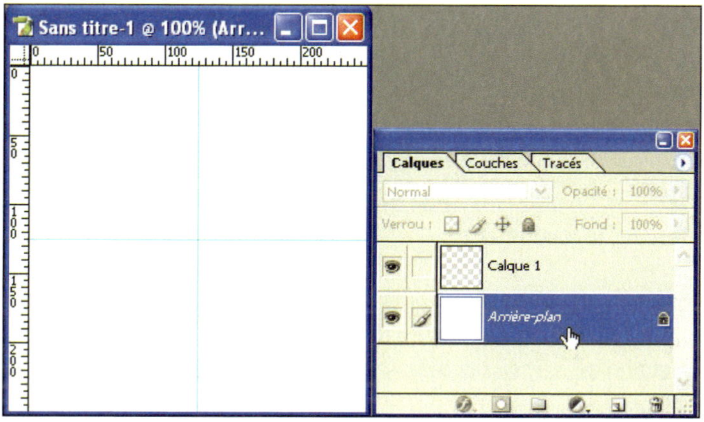

4 Utilisez l'outil **Déplacement** pour glisser les repères sur la surface de travail. Pour les enlever, cliquez sur **Affichage/Effacer les repères**.

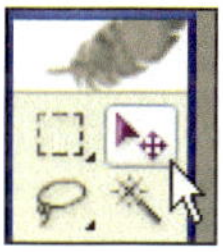

5 Sélectionnez l'outil **Sélection elliptique** dans la boîte à outils ou pressez la touche [M].

6 Placez le pointeur à l'intersection des repères et, tout en maintenant les touches [Alt]+[Maj] enfoncées, faites une sélection de la taille du bouton désiré.

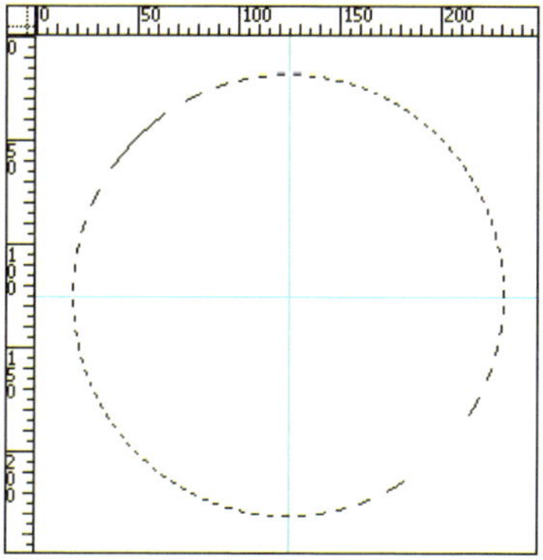

Coloriser la forme

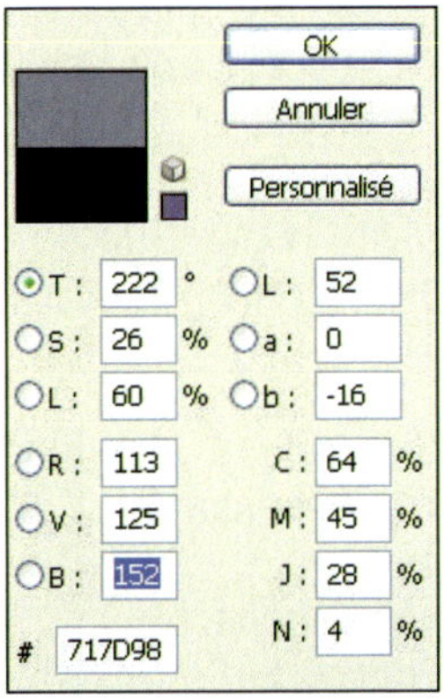

1 Cliquez sur la couleur de premier plan dans la boîte à outils et choisissez une teinte grisée dans la palette de couleurs. Pour retrouver la couleur que vous avez utilisée dans l'exemple, entrez les valeurs suivantes dans le Sélecteur de couleurs.

- *R* : 113.
- *V* : 125.
- *B* : 152.

2 Sélectionnez l'outil **Pot de peinture** dans la boîte à outils ou en pressant la touche G.

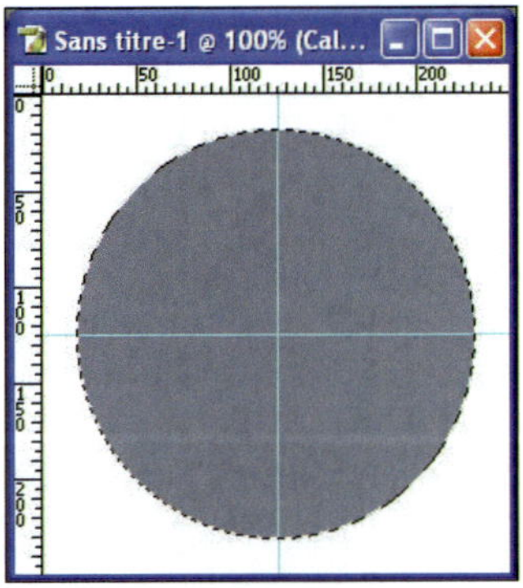

3 Prenez garde à être sur le nouveau calque vide que vous avez créé au début. Cliquez ensuite dans la sélection active pour la remplir de la teinte choisie.

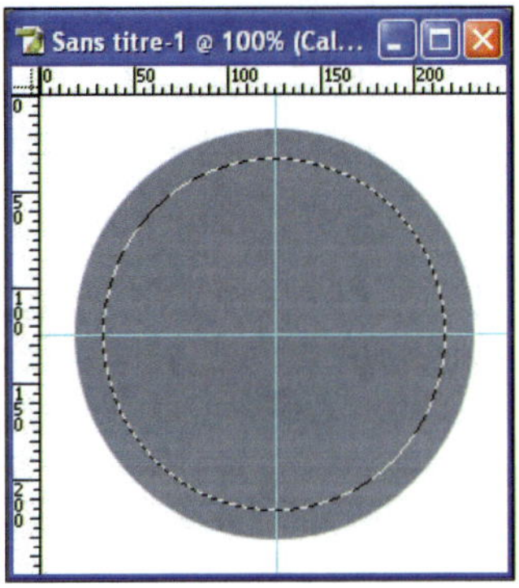

4 Sélectionnez l'outil **Sélection elliptique** et placez à nouveau le pointeur à l'intersection des repères. Sélectionnez un cercle légèrement plus petit que le précédent.

5 Pressez la touche [Suppr] pour supprimer l'intérieur du disque.

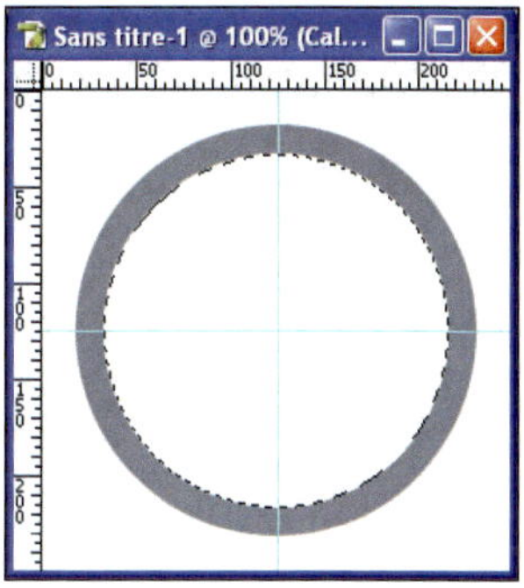

Remplir avec un dégradé

1 Créez un nouveau calque en cliquant sur l'icône *Création de calque* dans le bas de la palette *Calques*.

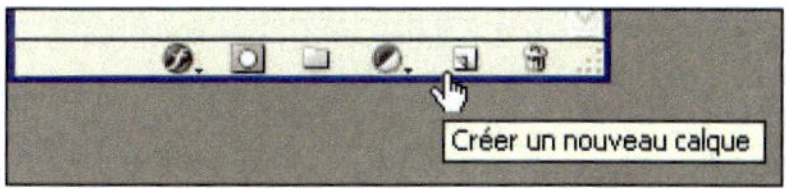

2 Sélectionnez l'outil **Dégradé** dans la boîte à outils.

3 Dans la barre des paramètres, ouvrez le Sélecteur de dégradés en cliquant sur la flèche appropriée. Le Sélecteur s'ouvre juste en dessous. Pour accéder aux autres dégradés, cliquez sur le triangle qui se trouve en haut, à droite du Sélecteur. Dans le menu, cliquez sur **Simples** et validez votre choix.

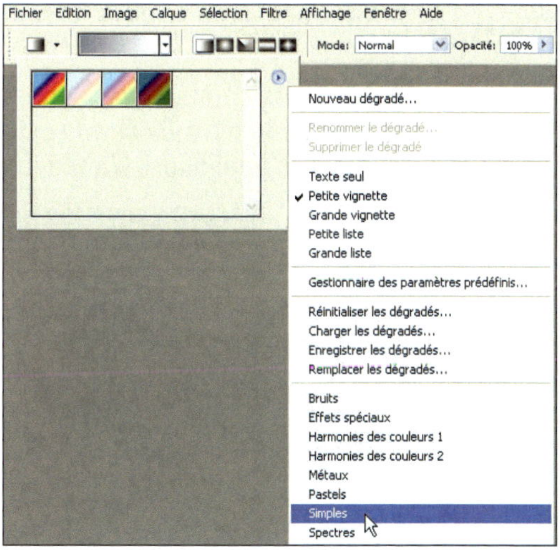

4 Parmi les dégradés proposés, choisissez une couleur pour l'intérieur de votre bouton, par exemple le dégradé *Orange*. Dans la barre des paramètres, cliquez sur l'icône *Dégradé radial*.

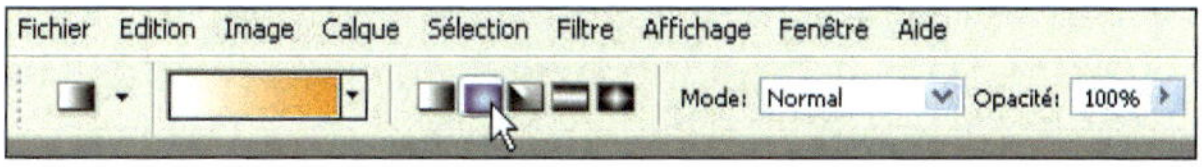

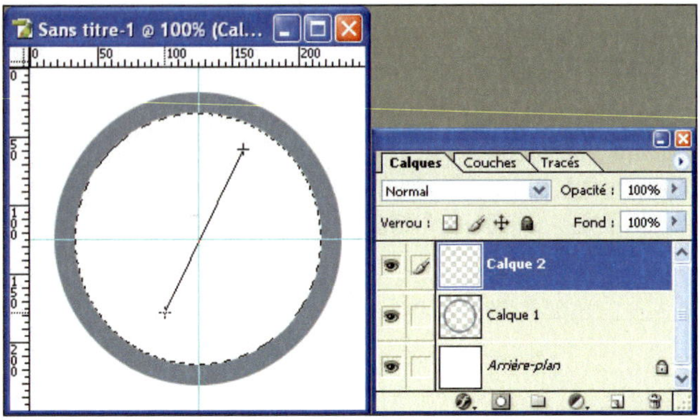

5 Placez le pointeur dans la sélection et, en maintenant le bouton de la souris enfoncé, glissez le dégradé en passant par le centre de la sélection.

6 Désélectionnez en pressant les touches Ctrl+D.

Donner du relief

Voici une technique très connue pour donner du relief à une forme. Elle est fondée sur l'utilisation du filtre *Eclairage* et fait intervenir les couches alpha de Photoshop. Vous allez l'appliquer à l'anneau gris du bouton.

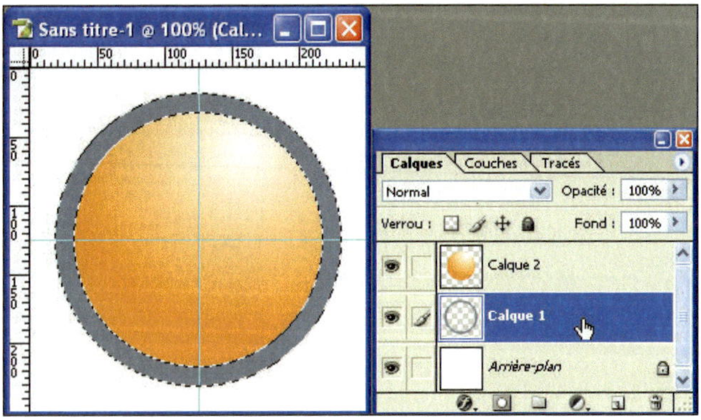

1 Sélectionnez le calque de l'anneau gris. Sélectionnez tous les pixels du calque en maintenant la touche Ctrl enfoncée et en cliquant sur le calque.

2 Cliquez ensuite sur l'onglet **Couches** situé juste à côté de l'onglet **Calques** dans la palette. Dans la palette *Couches* qui apparaît, créez une nouvelle couche en cliquant sur l'icône *Créer une couche*.

Une couche nommée *Alpha 1* est créée et le document devient noir.

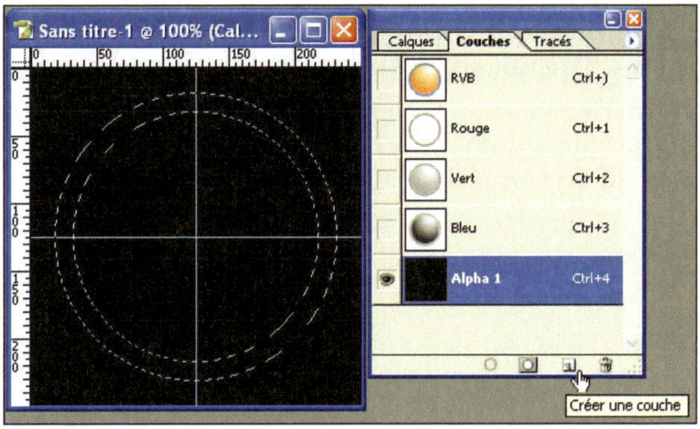

3 Dans la boîte à outils, choisissez le blanc comme couleur de premier plan. Si la sélection de l'anneau n'est plus active, maintenez la touche Ctrl enfoncée et cliquez sur le calque contenant l'anneau dans la palette *Calques*.

L'anneau est de nouveau sélectionné.

4 Remplissez cette sélection à l'aide du **Pot de peinture** (en blanc donc).

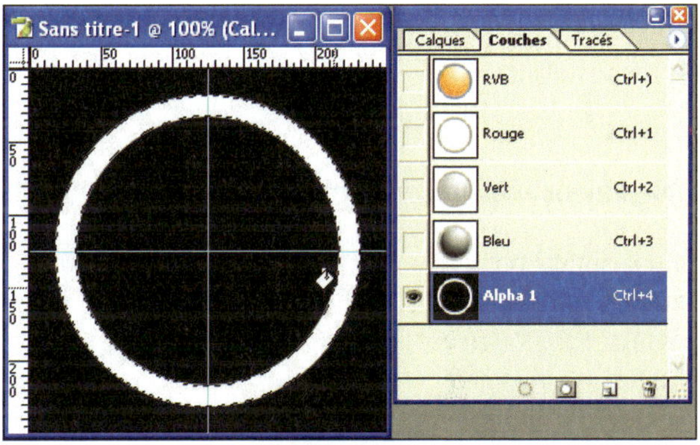

5 Désélectionnez l'anneau en pressant les touches Ctrl+D. Dans le menu **Filtre**, choisissez **Atténuation/Flou gaussien** et appliquez un flou d'environ 3,4 pixels.

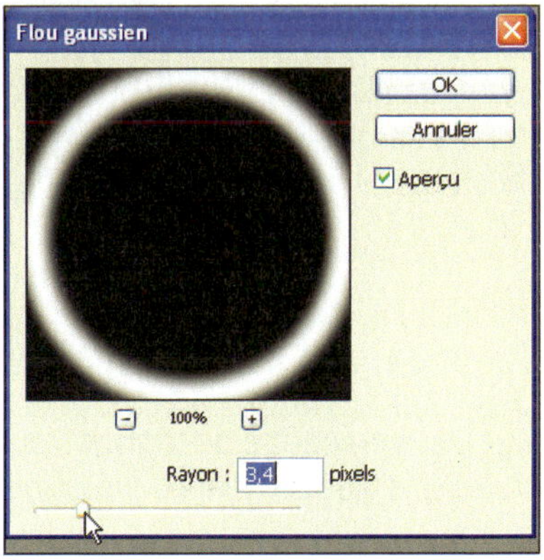

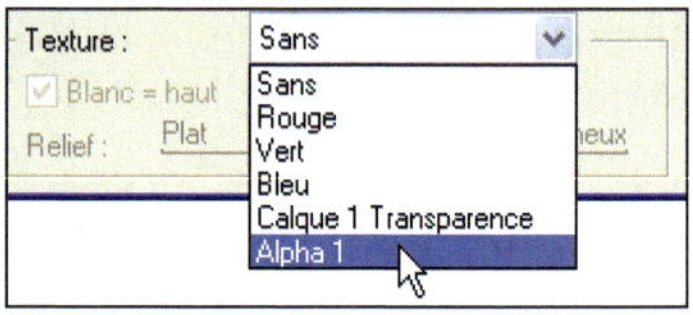

6 Revenez sur la palette *Calques* en cliquant sur l'onglet **Calques**. Cliquez sur le calque où se trouve l'anneau puis sur **Filtre/Rendu/Eclairage**. Dans l'interface de gestion du filtre *Eclairage*, sélectionnez l'entrée *Alpha 1* sur la liste déroulante *Texture* pour appliquer la texture de la couche que vous venez de créer au filtre d'éclairage.

7 Toujours dans cette interface, orientez le sens du spot à votre convenance.

- *Type* : *Projecteur*.
- *Brillance* : +21.
- *Matière* : +100.
- *Exposition* : +14.
- *Ambiance* : +10.
- *Blanc* : *Haut*.
- *Relief* : 16.

L'anneau est maintenant bien mis en valeur. Le bouton est presque terminé.

8 Ajoutez une ombre légère en cliquant sur l'icône *Ajouter un style de calque* symbolisée par un *f* au bas de la palette *Calques* et choisissez **Ombre Portée** dans le menu déroulant.

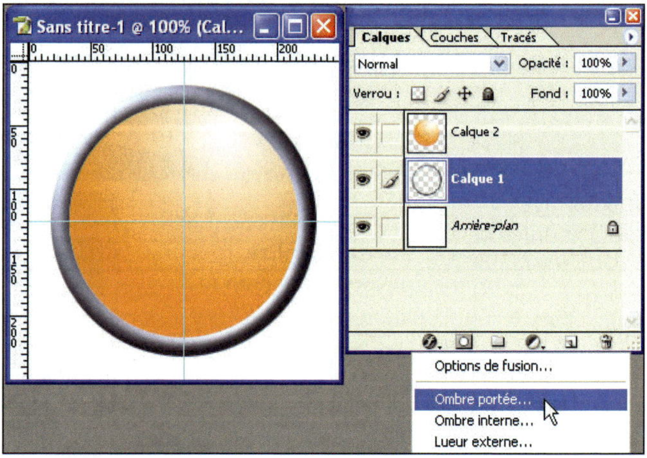

9 Dans la fenêtre de réglages qui s'ouvre, diminuez l'opacité pour éclaircir l'ombre à 25 %, réglez la distance à 6 pixels et diminuez la taille de l'ombre à 4 pixels pour

ne pas avoir trop de dégradés. Les ajustements sont très simples à effectuer car les résultats sont visibles directement sur l'image. Validez quand vous êtes satisfait du résultat.

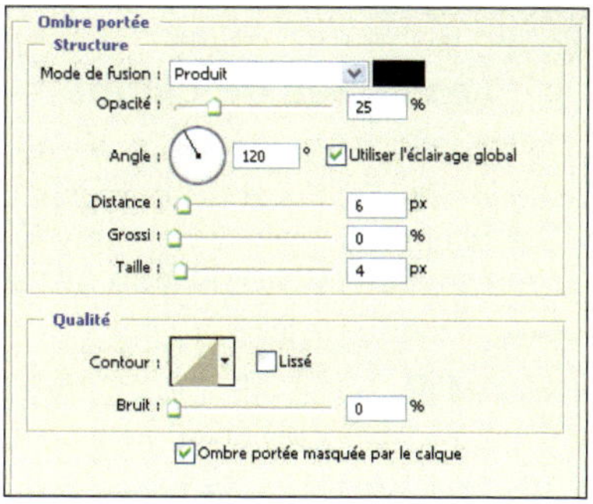

Appliquer les effets de calque

Vous avez certainement remarqué que l'interface d'effets de calque est très fournie en options. Vous allez utiliser certaines de ces fonctions pour souligner la partie centrale du bouton.

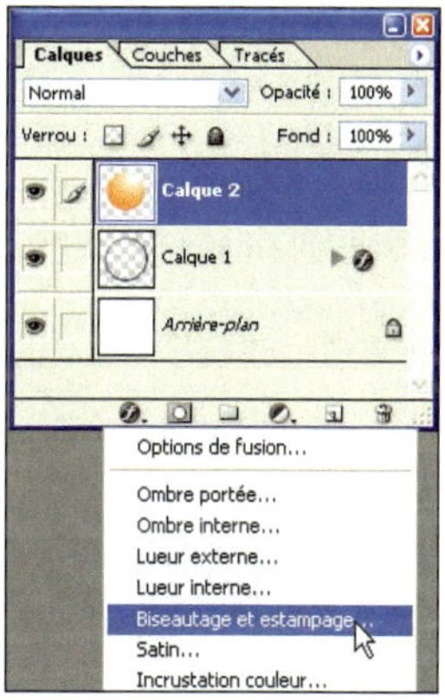

1 Cliquez sur le calque où se trouve la partie centrale du bouton avec le dégradé orange, puis déroulez le menu **Création de style de calque** en bas de la palette *Calques*. Sélectionnez **Biseautage et estampage**.

2 Sélectionnez le style *Biseau interne* et augmentez la profondeur, par exemple avec une valeur de 401 %. Réglez la taille à 8 pixels, pour mettre plus ou moins en évidence le bouton. Définissez l'option de flou à 3 pixels pour adoucir le relief. Diminuez l'opacité du mode d'ombrage à 28 %.

Vous pouvez expérimenter les autres paramètres, leur effet est visible directement sur l'image.

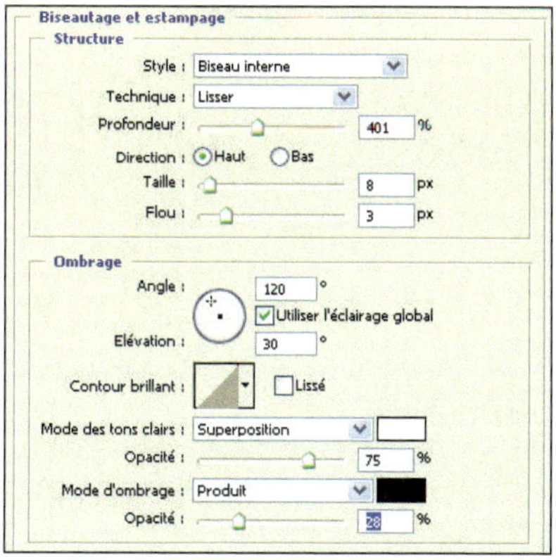

3 Cliquez sur OK pour valider.

Les styles de calque

Lorsque vous créez un style de calque, chaque paramètre du style est stocké sur un calque. Pour les retrouver, double-cliquez sur le calque voulu. Si vous désirez ne pas faire figurer ces calques en permanence dans la palette *Calques*, cliquez sur la flèche bleue située à droite du nom du calque.

Écrire sur le bouton

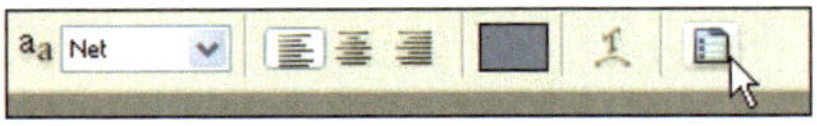

1 Sélectionnez l'outil **Texte** et cliquez sur le document qui contient votre bouton.
Ouvrez la fenêtre de gestion des paramètres de texte en cliquant sur l'icône de la barre des paramètres.

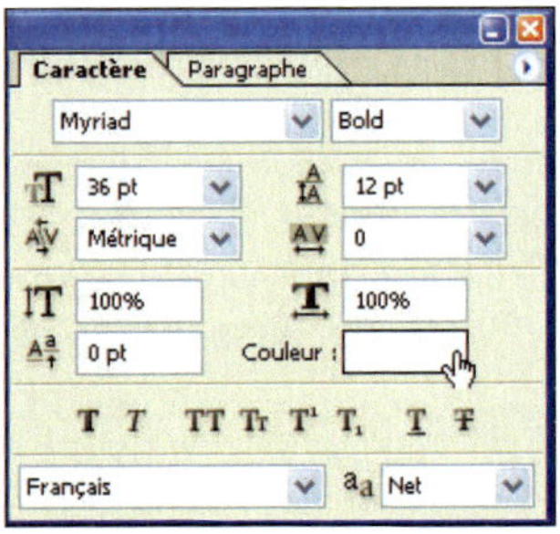

2 Cliquez sur votre bouton et tapez votre texte, par exemple `Accueil`. Réglez ses caractéristiques comme vous l'avez appris pour la création d'un titre. Choisissez la police *Myriad*, l'attribut *Bold* et une taille *36*. Utilisez de préférence le blanc ou une couleur très claire pour le texte.

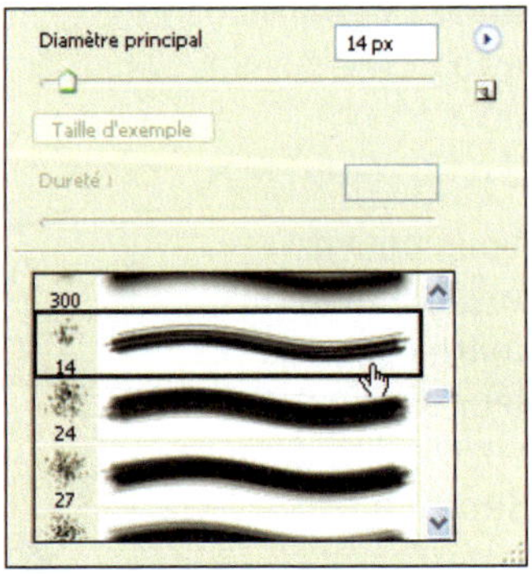

3 Placez votre texte au mieux sur le bouton à l'aide de l'outil de déplacement qui apparaît automatiquement lorsque vous éloignez le pointeur du texte.

4 Validez avec le bouton de la barre des paramètres.

La touche finale

Comme le texte ne se fond pas très bien dans le bouton, vous allez lui appliquer un style particulier.

1 Avec le calque de texte sélectionné, déroulez le menu **Création de style de calque** et choisissez **Ombre interne**.

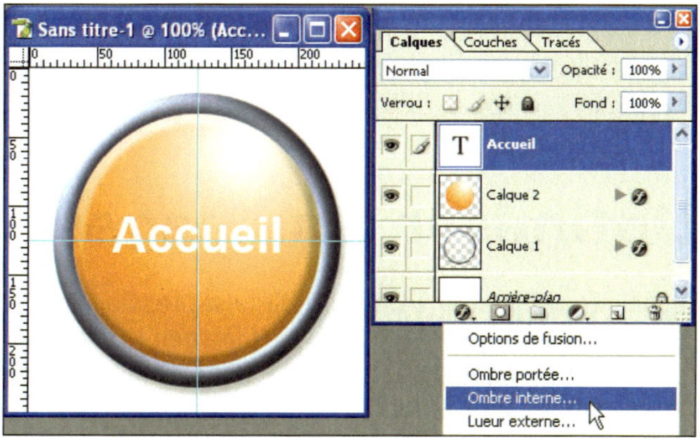

2 Diminuez l'opacité et, si besoin, la taille et la distance. Validez.

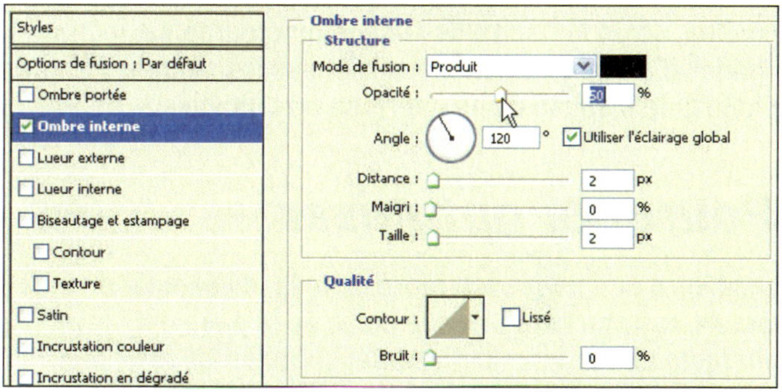

3 Diminuez ensuite l'opacité de fond de ce calque.

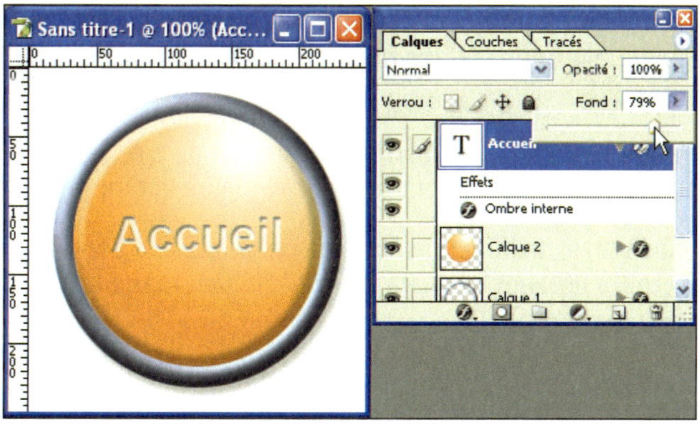

Seule l'opacité du texte diminue, celle de l'ombre portée ne varie pas.

Votre bouton est terminé !

4 Sauvegardez-le au format *.psd*. Tous les calques et les styles seront ainsi conservés.

Vous verrez plus loin quelles sont les meilleures options pour réaliser un fichier adapté au Web.

Optimiser les images pour le Web

Optimiser ses images ! Derrière cette expression se cache une étape obligatoire pour qui veut publier des images sur le Web. Elle consiste en un réglage de certains paramètres d'enregistrement pour que l'image soit affichée rapidement et avec la meilleure qualité possible.

En effet, selon la nature de l'image (photographie, icône, image animée...), les options d'enregistrement ne seront pas les mêmes. Afin de faciliter l'opération, Photoshop dispose d'une interface très intuitive.

Pourquoi optimiser *les images ?*

Le poids d'une page web représente la taille totale de tous les fichiers chargés lors de son affichage. Plus le poids de la page est élevé, plus son temps de chargement (et donc d'affichage) sur Internet sera long.

Les images sont généralement les fichiers les plus lourds d'une page. Lorsqu'on veut publier des images en ligne, il est donc indispensable de se préoccuper de leur poids.

Dans Photoshop, les images paraissent de très bonne qualité, mais les contraintes du Web font que cette qualité est en partie perdue.

Vous verrez qu'il est nécessaire de jongler en permanence avec ces deux facteurs antagonistes : la taille du fichier image et la qualité. Tout est une affaire de compromis...

Vous allez, dans les paragraphes qui vont suivre, apprendre à choisir les paramètres d'enregistrement les mieux adaptés à chaque image.

Redimensionner *les images*

Téléchargez l'image *bouton.psd* depuis le site www.microapp.com. Elle représente le bouton que vous avez réalisé précédemment. Vous pouvez d'ores et déjà cliquer sur **Calque/Aplatir l'image**.

Avant d'enregistrer cette image en vue d'une utilisation sur Internet, vérifiez que sa taille correspond bien à l'espace qui lui est attribué dans votre page web.

1 Cliquez sur **Image/taille de l'image**.

Une boîte de dialogue s'ouvre et présente les dimensions de l'image.

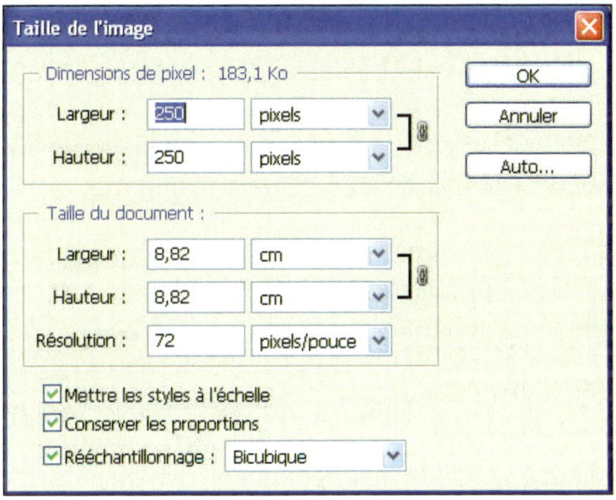

Première chose à vérifier : la résolution. Toutes les images destinées à être affichées exclusivement sur un écran doivent avoir une résolution de 72 pixels par pouce. Cette résolution correspond à la résolution d'un écran. Une image de résolution supérieure ne s'affichera pas avec une meilleure qualité.

2 Pour modifier la résolution, cliquez sur la liste des unités et sélectionnez *Pixels/pouce*.

3 Cliquez ensuite sur la valeur de la résolution et tapez 72.

La case *Rééchantillonnage*, située en bas à gauche dans la boîte de dialogue, est cochée par défaut. Cela signifie que lorsque vous modifiez la résolution ou les dimensions de l'image, Photoshop recalcule automatiquement la couleur des pixels qui sont ajoutés (cas d'un agrandissement de l'image) ou supprimés (cas d'une réduction de l'image). En pratique, lorsque vous modifiez la résolution, les dimensions sont recalculées pour réduire la perte de qualité due à la modification. Ainsi, lorsque vous diminuez la résolution, les dimensions sont réduites proportionnellement.

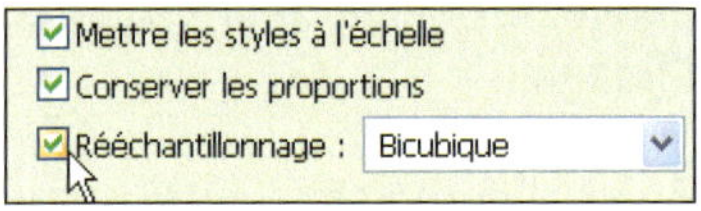

Supposez maintenant que, pour cette image, vous disposiez d'un emplacement de 120 pixels de large sur votre page web. Or, les dimensions actuelles de l'image sont de 250 x 250 pixels. Il faut donc réduire sa taille. Pour le faire de manière homothétique, vérifiez que les cases *Conserver les proportions* et *Mettre les styles à l'échelle* situées en bas à gauche dans la boîte de dialogue sont bien cochées. Ainsi, lorsque vous modifierez la largeur, la longueur sera automatiquement réajustée pour avoir une image bien proportionnée. Si vous travaillez avec des calques de style comme des effets de biseautage et d'estampage, ces derniers sont mis à l'échelle automatiquement. Ici, vous avez aplati l'image au préalable, donc cette option n'aura aucune influence.

4 Dans le menu des unités de mesure, sélectionnez *Pixels*. Cliquez ensuite sur la valeur correspondant à la largeur et entrez `120`.

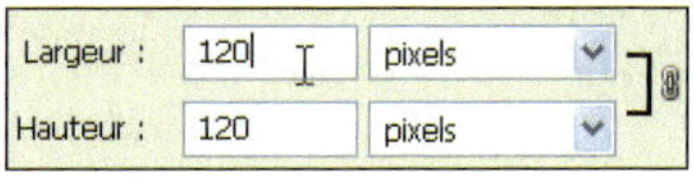

Vous pouvez noter que la longueur est immédiatement réajustée en fonction de ce que vous indiquez.

5 Validez vos nouvelles valeurs en cliquant sur OK.

L'image possède maintenant ses dimensions finales.

Le redimensionnement d'une image est souvent nuisible à celle-ci. Vous avez pu constater une légère diminution de la netteté du texte sur le bouton, un petit défaut facile à corriger.

6 Déroulez le menu **Filtre** et sélectionnez **Renforcement/Plus net**.

Le bouton retrouve immédiatement un peu plus de netteté et il est prêt à être enregistré pour le Web !

À ne pas faire !

Certains créateurs de pages web utilisent le langage HTML pour redéfinir les dimensions de leurs images. Cette solution est à proscrire totalement ! Cette technique diminue fortement la qualité d'affichage des images et n'a aucun effet sur leur temps de chargement. Redimensionner les images à la bonne taille au préalable est la seule technique efficace.

Choisir les meilleurs paramètres

Pour enregistrer votre image, cliquez sur **Fichier/Enregistrer pour le web**. Vous allez voir dans les paragraphes suivants comment manipuler l'interface qui s'ouvre.

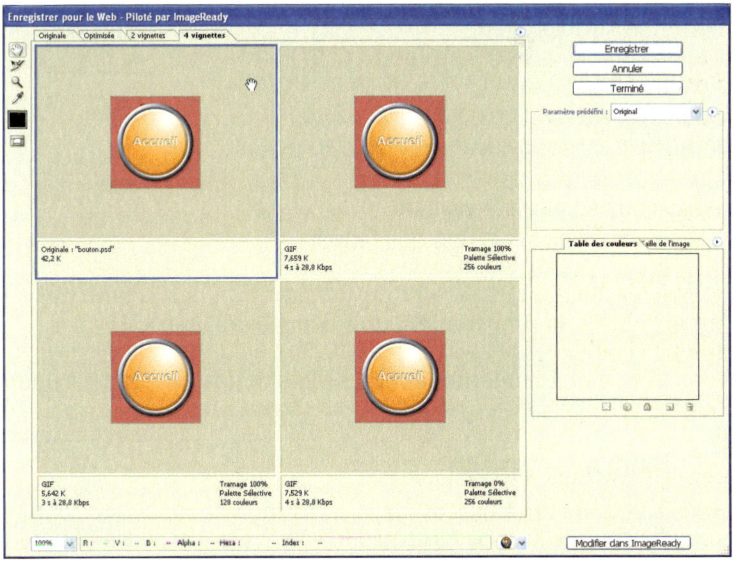

La première chose est de séparer l'interface en quatre vignettes pour pouvoir comparer la qualité des différents réglages et choisir le meilleur. Pour cela, cliquez sur l'onglet **4 vignettes**, situé en haut de l'interface. Le bouton apparaît dans chacune des vignettes ainsi créées.

Vous pouvez remarquer que la vignette située en haut à gauche est nommée *Originale*, le nom et la taille du fichier sont indiqués à côté. Cette case représente le fichier en qualité optimale, tel qu'il se présente au format *.psd*.

1 Cliquez sur la vignette située en haut à droite.

Une ligne bleue doit l'encadrer. Cela signifie que c'est la vignette active, celle sur laquelle vous allez pouvoir essayer différents paramètres.

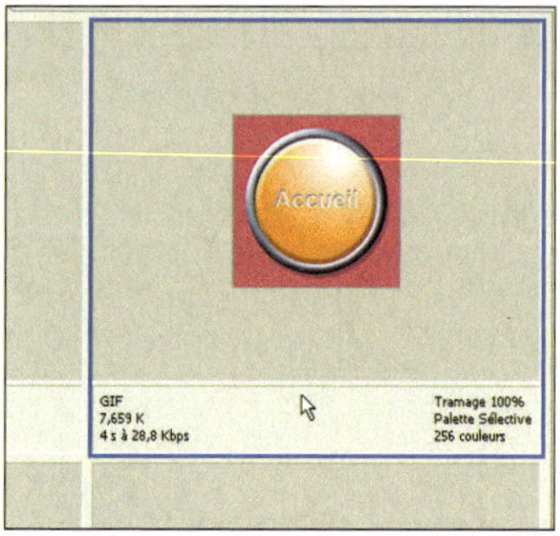

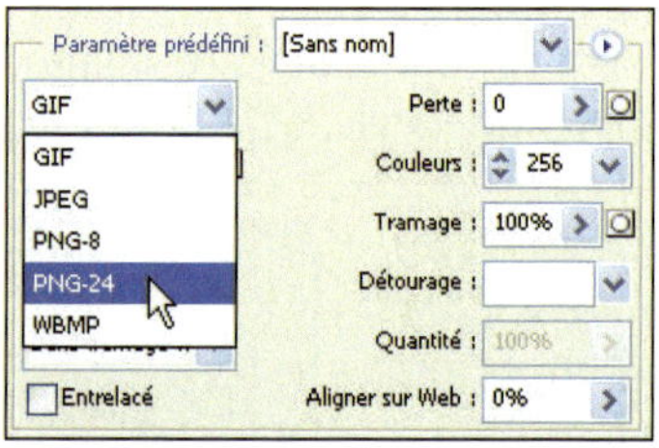

2 Dans les paramètres situés à droite de l'interface, déroulez la première liste. Elle présente les formats de fichier image compatibles avec les navigateurs web. Sélectionnez *PNG-24*.

3 Cliquez maintenant sur la vignette située en bas à gauche pour la rendre active. Déroulez à nouveau la liste et sélectionnez cette fois-ci *gif*.

4 Cliquez enfin sur la vignette située en bas à droite et, dans les paramètres, sélectionnez *jpeg* sur la liste des formats.

Vous avez maintenant un aperçu simultané dans chacune des cases de l'effet produit par un enregistrement aux formats sélectionnés.

Vous allez maintenant procéder au réglage des paramètres pour chaque format.

PNG-8 et WBMP

Vous aurez remarqué qu'il existe d'autres formats sur la liste. Le format *.png-8* n'est pas reconnu par tous les navigateurs web et est très similaire au format *.gif*, qui est reconnu partout. Préférez donc ce dernier. Le format *.wbmp* réduit le nombre des couleurs de votre image à deux : le noir et le blanc. Il est bien adapté à la création de graphismes pour les écrans de téléphones portables par exemple. Cette utilisation très spécifique sera laissée de côté dans cet ouvrage.

Le format PNG : une qualité maximale

Sélectionnez la vignette en haut à droite.

Elle présente l'aperçu pour un enregistrement au format *.png-24*.

Le format PNG génère les fichiers les plus lourds, mais également les images de meilleure qualité. Dans la pratique, il est très peu utilisé sur le Web. On lui préfère en général le format JPEG.

Les réglages sont ici très simples. Après chaque modification d'un paramètre, la taille du fichier et son temps théorique de téléchargement sont affichés sous la vignette.

La case *Transparence* est utile pour les images ayant un fond transparent. Ainsi, ce type d'image pourra s'intégrer sur toutes les couleurs de fond de page web sans problème. Cocher cette case n'aura ici aucune incidence sur le résultat final.

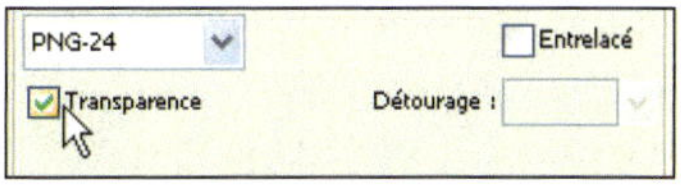

En cochant la case *Entrelacé*, vous augmentez la taille du fichier. Toutefois, cette option peut être intéressante : elle permet à l'image de s'afficher en basse résolution rapidement pendant le téléchargement de l'image. L'attente paraît alors moins longue… Ne cochez pas cette option.

Le format GIF pour les illustrations

Cliquez sur la case située en bas à gauche. Elle présente le rendu d'un enregistrement au format GIF.

Les fichiers *.gif* sont très utilisés sur le Web. Vous verrez au chapitre suivant qu'ils peuvent être utilisés pour des images animées. Ce format est également très utile pour sauvegarder des images contenant un nombre limité de couleurs.

Tout comme le format PNG, il permet d'entrelacer les images pour qu'une version basse définition s'affiche le temps du téléchargement de l'image. Il permet également de sauvegarder des images avec un fond transparent. C'est très utile quand on ne connaît pas à l'avance la couleur de fond de la page sur laquelle elle sera affichée !

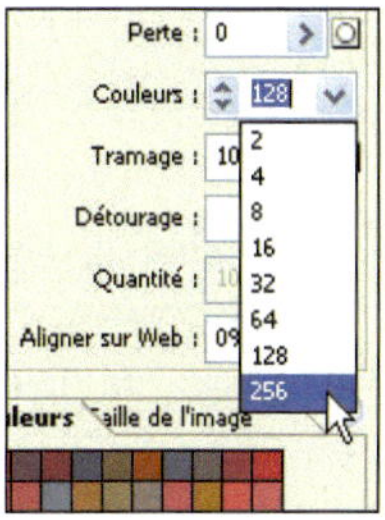

Votre bouton est placé sur un fond rose uniforme. Vous allez le définir comme couleur transparente. Cela reviendra à enregistrer le bouton sur un fond transparent.

1 Commencez par afficher le nombre de couleurs. Choisissez *256* sur la liste déroulante *Couleurs* dans l'interface située à droite.

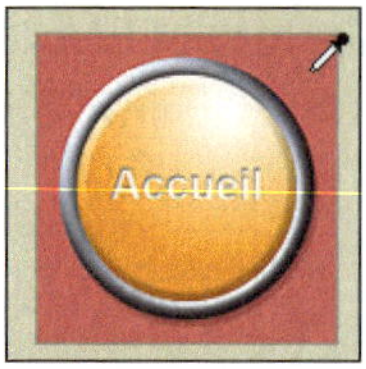

2 Pressez la touche I pour sélectionner l'outil **Pipette**. Cliquez ensuite sur le fond rose du bouton.

Dans le nuancier présent à droite, la couleur rose vient d'être sélectionnée. Elle est entourée d'un petit cadre blanc.

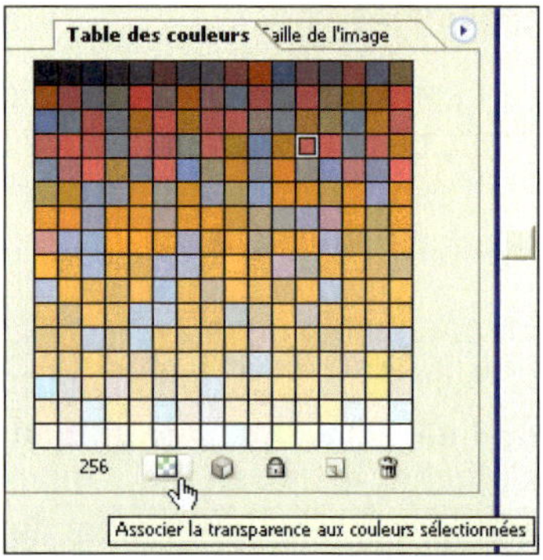

3 Cliquez sur l'icône représentant un petit damier transparent au bas du nuancier pour définir cette couleur comme transparente.

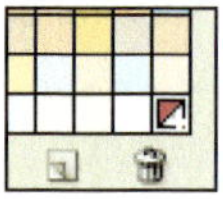

Une fois l'icône activée, vous pouvez voir que la couleur est rangée séparément en bas à droite dans le nuancier. La case est légèrement différente, cela signifie qu'elle a été rendue transparente.

La vignette d'aperçu a aussi changé d'aspect. Le fond a disparu, laissant place à un damier gris et blanc symbolisant une transparence. Il reste toutefois une couronne de pixels autour du bouton.

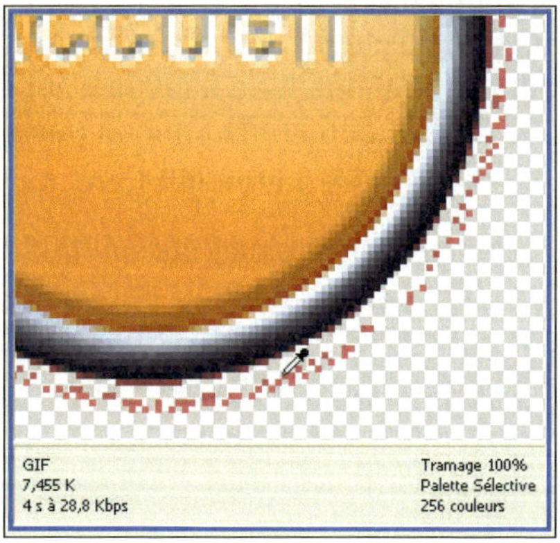

4 Pour éliminer ces pixels rose indésirables, n'hésitez pas à zoomer. Pressez la touche Z pour sélectionner l'outil **Zoom**. Sélectionnez à nouveau la **Pipette** en pressant la touche I. Cliquez sur un pixel rose de la couronne.

5 Définissez également cette couleur comme couleur transparente en cliquant sur l'icône de transparence située au bas du nuancier.

Tous les pixels de cette couleur sont alors rendus transparents.

Il reste encore de nombreuses couleurs à rendre transparentes. La procédure est la même à chaque fois.

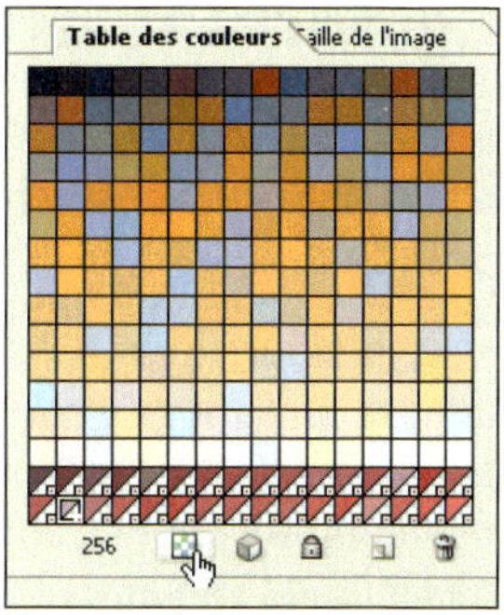

6 Éliminez de cette manière tous les pixels roses situés autour du bouton.

Vous avez rendu transparentes une trentaine de couleurs.

Au final, votre bouton est bien sur un fond transparent.

7 Sélectionnez l'option *Transparence* dans les paramètres, puis l'option *Entrelacé* qui n'augmente pas significativement la taille du fichier et permet d'afficher progressivement l'image à l'écran.

Le paramètre le plus important est le nombre de couleurs. Le fichier sera d'autant plus léger qu'il y aura peu de couleurs dans l'image. Pour l'instant, vous avez réglé ce paramètre sur la valeur maximale (*256*).

8 Déroulez la liste *Couleurs* et sélectionnez *128*.

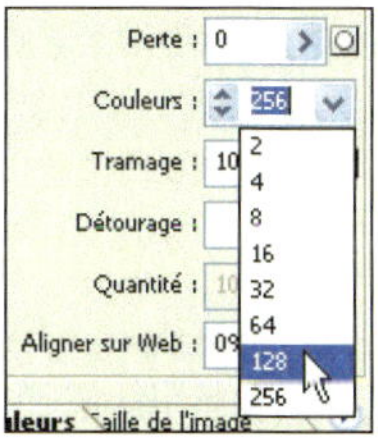

L'image en 128 couleurs est probablement toujours d'une qualité excellente. Vous allez diminuer ce nombre jusqu'au moment où elle ne sera plus parfaite.

9 Pour cela, utilisez les petites flèches situées à droite de la liste déroulante. Elles permettent de régler le nombre de couleurs à l'unité près. Descendez jusqu'à *84*. En dessous de cette valeur, l'image est encore acceptable, mais les contours commencent à ne plus être très marqués.

10 Choisissez l'option *Sélective*.

Photoshop forme une palette avec les couleurs les plus proches de l'image originale. C'est l'option par défaut.

Vous pouvez déjà comparer la différence de taille entre les fichiers enregistrés aux formats GIF et PNG. La proportion est proche de 1:4 !

Le format JPEG pour les photos

Cliquez sur la vignette d'aperçu située en bas à droite. Elle permet de visualiser l'effet d'un enregistrement au format JPEG.

Ce dernier est très apprécié pour compresser la taille des fichiers image, spécialement quand il s'agit de photographies. En effet, si le format GIF est adapté aux images contenant peu de couleurs, le format JPEG est recommandé pour les images contenant beaucoup de nuances, ce qui est généralement le cas pour les photographies ou les illustrations avec des dégradés. On appelle ces images « images à tons continus ».

Dans le cas de votre bouton, vous n'avez que peu de dégradés de couleurs. Est-il préférable de l'enregistrer au format GIF ou au format JPEG ? Vous allez bientôt le savoir.

Dans les paramètres, vous pouvez constater qu'il n'y a pas d'option de transparence. En effet, ce format ne prend pas en compte les zones transparentes de l'image. Ce n'est pas spécialement gênant, il faudra simplement s'assurer que l'arrière-plan de la page web dans laquelle sera utilisé le bouton soit de la même couleur que l'arrière-plan (ici du rose).

Les réglages d'optimisation sont très simples. Vous disposez de deux listes qui ont le même effet sur l'image. L'une d'elles permet de choisir entre quatre niveaux de qualité (*Bas*, *Moyen*, *Haut*, *Maximum*). L'autre, située à droite et nommée *Qualité*, permet un réglage numérique plus fin (*100* correspond à une qualité maximale).

1 Cliquez sur la flèche pour faire apparaître le curseur de réglage. Déplacez-le jusqu'à une qualité d'image de *60*, ce qui correspond à la valeur *Haut*.

Le résultat est immédiatement visible sur la vignette active.

2 Cochez également la case *Progressif*.

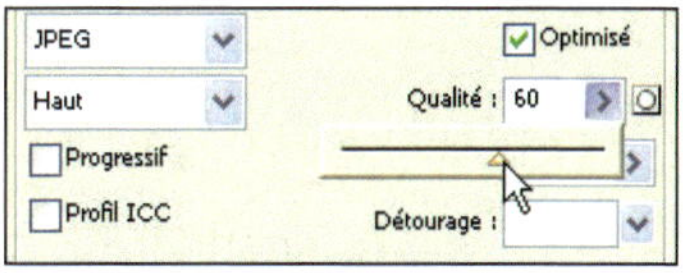

Votre image s'affichera progressivement sur la page web et le temps de téléchargement sera moins long.

La liste *Flou* permet de rendre floue l'image. En effet, la sauvegarde au format JPEG peut provoquer un léger quadrillage sur l'image si vous diminuez trop la qualité. Augmenter le flou de l'image permet d'atténuer ce phénomène.

3 Vous n'avez pas besoin de cette option : réglez ce paramètre sur 0.

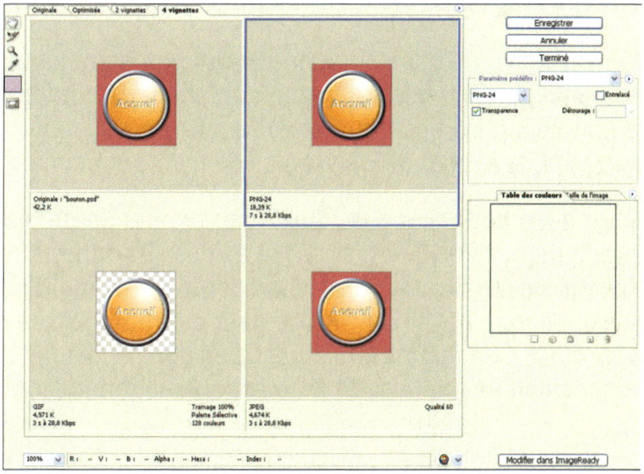

Vous avez maintenant simultanément sur votre écran les résultats des options d'enregistrement sur votre image. Sous chaque vignette, vous pouvez avoir plus d'éléments de comparaison : la taille du fichier généré et le temps estimé de téléchargement.

Vous avez également la possibilité de travailler de manière inverse, c'est-à-dire en imposant une taille maximale de fichier à ne pas dépasser. Photoshop vous proposera alors les meilleurs réglages dans les différents formats.

1 Cliquez sur le triangle bleu situé en haut à droite de l'interface. Dans le menu, choisissez **Optimiser pour la taille du fichier...**, puis, dans la fenêtre qui s'ouvre, entrez la taille maximale que vous jugez acceptable pour votre projet, par exemple 4 ko.

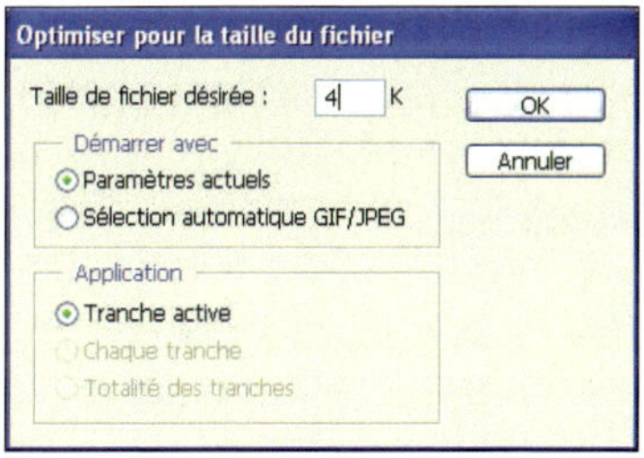

Vous pouvez maintenant juger de la qualité de chaque format pour une même taille de fichier.

2 Lorsque vous avez fait votre choix, cliquez sur l'aperçu qui vous convient et enregistrez.

Le format JPEG a été choisi pour cet exemple.

Le mode de couleur

Le mode de couleur utilisé sur Internet est RVB. Avec la commande **Enregistrer pour le web**, vos images seront converties automatiquement dans ce mode. Pour savoir dans quel mode de couleur est votre image, cliquez sur **Image/Mode**. Il est signalé par une petite croix.

Morceler *une image*

Vous avez vu qu'une image contenant peu de couleurs n'était pas optimisée de la même manière qu'une image contenant de nombreux dégradés. Si, pour la première, un enregistrement au format GIF est souvent préférable, pour la seconde, le format JPEG est plus souvent recommandé.

C'est dans cet esprit que Photoshop permet de découper les images en plusieurs parties. En effet, grâce à l'outil **Tranche**, il est possible de morceler l'image de manière à séparer les parties contenant peu de couleurs des autres. Ainsi, chaque partie de l'image peut être enregistrée dans un format différent, approprié à ses caractéristiques. Les différentes parties de l'image seront réassemblées par la suite automatiquement dans le navigateur Internet.

1 Ouvrez l'image *concert.jpg* et sélectionnez l'outil **Tranche**.

L'image présente des zones de couleurs presque uniformes (dans les ombres) et d'autres avec beaucoup plus de nuances. Vous allez les identifier et les séparer pour pouvoir les optimiser une à une.

2 Placez le pointeur en haut à gauche de la photo. En maintenant le bouton de la souris enfoncé, sélectionnez la partie située en haut à gauche de l'image. Elle présente une partie noire contenant peu de couleurs. Relâchez le bouton de la souris.

Trois parties se présentent maintenant sur l'image.

3 Pour affiner la position de la séparation, sélectionnez l'outil **Sélection de tranche**. Placez-vous sur la poignée carrée présente sur la ligne verticale qui coupe l'image. Le pointeur change alors de forme. Déplacez cette ligne pour séparer au mieux la zone plus colorée située à droite de la zone d'ombre à gauche.

4 Quand la séparation est bien placée, faites de même avec la séparation horizontale en ajustant sa position et cliquez sur **Fichier/Enregistrer pour le web**.

L'interface d'enregistrement pour le Web s'ouvre.

Pour comprendre son maniement en détail, reportez-vous à la page 119.

5 Sélectionnez l'outil **Sélection de tranche** en pressant la touche K.

6 Sur la vignette de prévisualisation, cliquez sur la tranche 1. Les autres parties de l'image apparaissent alors en plus clair. Vous pouvez commencer à optimiser la première zone.

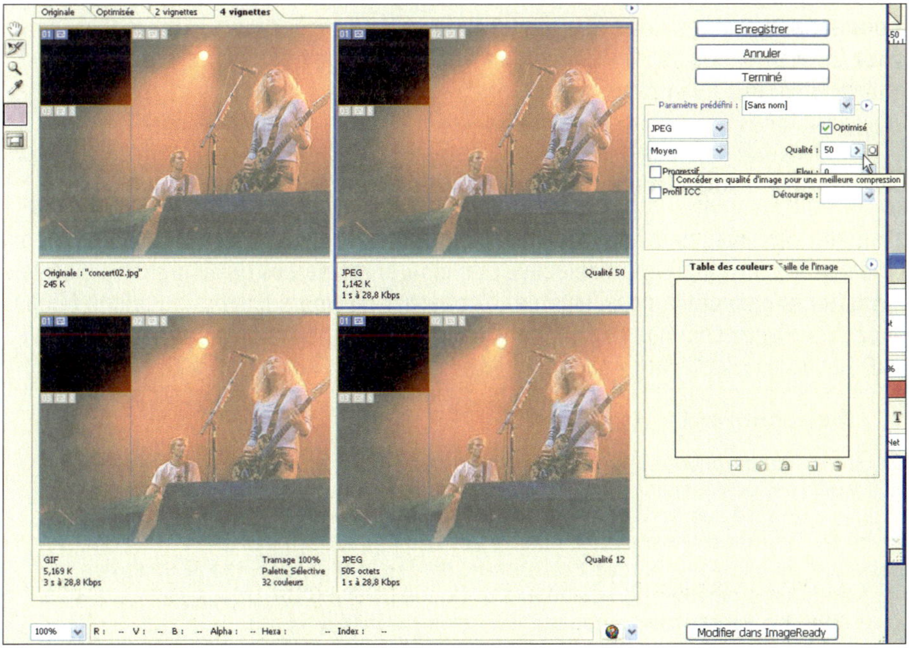

7 Sélectionnez le format *.gif* et réglez les paramètres de qualité (voir page 123). Choisissez une qualité de `20`, un affichage progressif et un flou de `0,67`.

8 Quand vous avez déterminé les paramètres pour obtenir un rendu de qualité pour cette zone, cliquez sur la tranche 2 dans la vignette de prévisualisation.

9 Choisissez *.jpg* sur la liste des formats et définissez une qualité d'image minimale pour que le rendu soit de bonne qualité (voir page 124), par exemple une qualité de `50` et un flou de `0`.

10 Pour la tranche 3, procédez de la même manière, en choisissant une qualité de `40`, un flou de `0` et un affichage progressif.

Tous les paramètres sont maintenant optimisés pour chaque tranche.

11 Choisissez la version qui vous convient le mieux (le meilleur compromis entre la taille et la qualité). Enregistrez votre image.

Elle est enregistrée sous une forme particulière : une page web et trois images.

Les trois images sont les trois tranches de l'image que vous avez optimisées indépendamment les unes des autres. La page web générée est en réalité un code HTML qui permet de rassembler les trois images sous la forme d'un tableau invisible à l'écran.

12 Pour visualiser l'image, lancez votre navigateur web habituel (ici Internet Explorer) et cliquez sur **Fichier/Ouvrir**, puis sur **Parcourir**. Sélectionnez la page web.

Morceler des images de cette manière permet donc de gagner quelques précieux octets grâce à l'optimisation sélective des différentes parties de l'image. De plus, les navigateurs web ont la possibilité de télécharger plusieurs fichiers en même temps. Encore quelques secondes de gagnées par rapport à une image en un seul morceau !

Espacement

Lors de la construction d'une page web, on rencontre souvent des problèmes d'alignement ou d'espacement de différents éléments. Par exemple, comment éloigner un titre des bords d'un tableau ? Le codage en HTML ne permet pas d'utiliser la barre d'espacement pour régler ces petits désagréments. L'astuce consiste à intercaler entre les bords du tableau et le titre, une image transparente (*.gif*) de la taille désirée, généralement quelques pixels. Cette image servira ensuite pour tous les espacements nécessaires dans les pages du site.

Créer sa propre galerie web en 2 minutes !

Avec la fonction de création automatique de site web, il n'a jamais été aussi simple de publier ses images sur le Web. Aucune connaissance en HTML ou d'une quelconque technologie web n'est nécessaire !

Photoshop génère, à partir d'un dossier où est rangée votre collection d'images, des pages web figurant les images par des vignettes. En cliquant sur chacune d'elles, vos visiteurs pourront découvrir les images dans leur taille réelle. Et pour personnaliser un peu plus cette fonction, vous avez la possibilité de choisir un style de site prédéfini.

1 Placez tout d'abord toutes les images que vous désirez présenter sur votre site dans un même dossier.

Vous n'avez pas besoin de préparer des vignettes miniatures, Photoshop les génère automatiquement. Si le nombre de photographies est trop important, plusieurs pages seront créées pour les accueillir toutes.

2 Dans Photoshop, sélectionnez **Fichier/Automatisation/Galerie Web Photo**.

Une interface de création de page web apparaît alors.

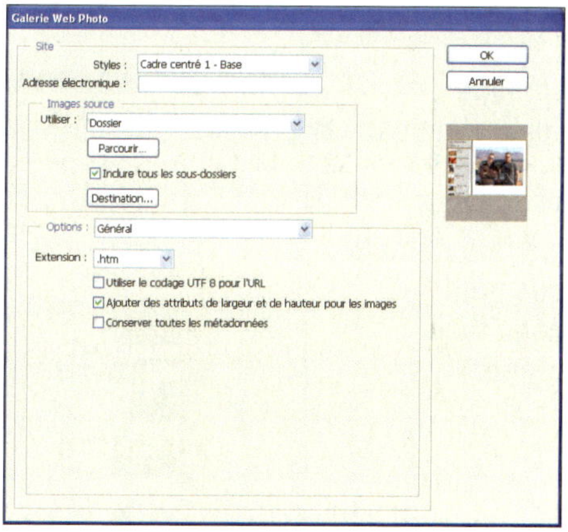

La liste *Styles* permet de choisir parmi les modèles de pages proposés. Certains sont spécialement adaptés à des images verticales ou horizontales.

3 Choisissez le style *Cadre centré 2*. Il permet de gérer aussi bien des images horizontales (type paysage) que verticales (type portrait).

4 Insérez dans le deuxième champ votre adresse de courriel pour que les visiteurs de votre site puissent vous envoyer des messages. Laissez l'extension *.htm* par défaut dans le champ *Extension*. Ainsi, le fichier généré sera du type *votrepage.htm*.

5 Sous la rubrique *Images source* de l'interface, cliquez sur le bouton **Parcourir** pour indiquer dans quel dossier sont rangées vos photos. Vous avez également la possibilité de les sélectionner grâce à l'Explorateur d'images Photoshop. Définissez également un dossier dans lequel seront rangés les fichiers générés (vignettes et pages web).

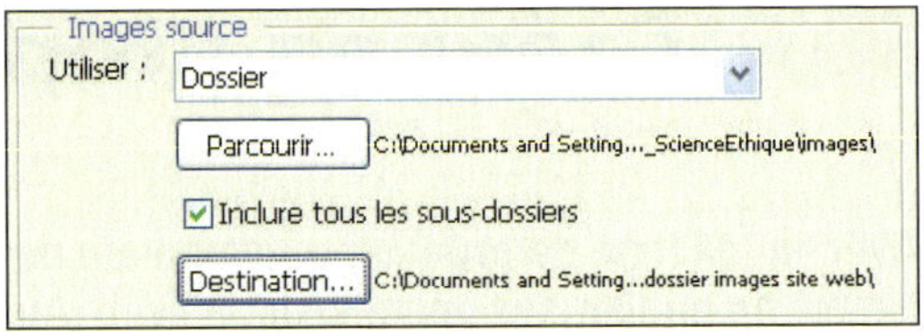

Les options sont très nombreuses. Vous pouvez les choisir sur la première liste déroulante. Les options associées à chacune d'elles s'affichent automatiquement en dessous. Vous pouvez, entre autres, modifier l'intitulé de la page, la police et la taille du texte, la taille des vignettes et des images, la couleur des liens, l'emplacement du titre… Tout est très intuitif et assez ludique. Expérimentez les différentes options afin de trouver une présentation qui convienne à vos goûts !

6 Quand tous les paramètres sont réglés, validez-les.

Il ne vous reste plus qu'à regarder Photoshop travailler pour vous. L'opération peut prendre plusieurs minutes en fonction du nombre d'images que vous avez à traiter.

Lorsque l'opération est terminée, Photoshop ouvre automatiquement la page web créée.

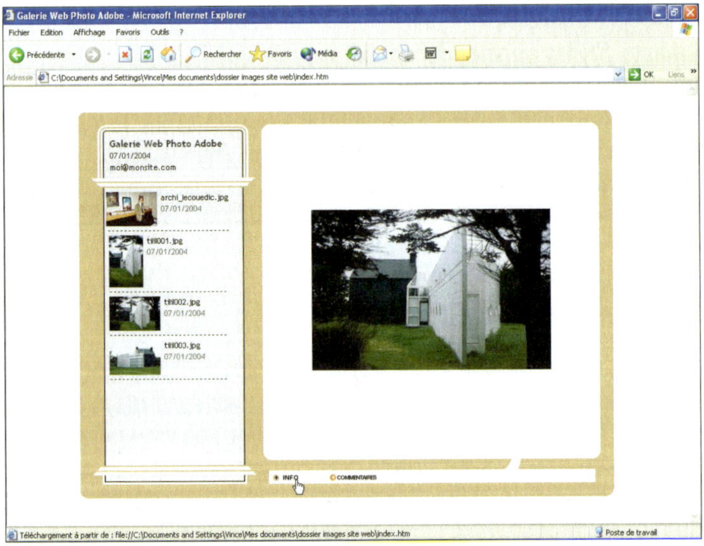

Chapitre 7

Animer des images pour le Web

Internet permet de nombreuses fantaisies graphiques. L'animation en est une particulièrement intéressante. Photoshop permet de créer des fichiers GIF animés par le biais de son cousin ImageReady livré avec le logiciel.

Aujourd'hui, si vous créez un site web et que vous désirez le faire connaître, il vous faudra créer des partenariats avec d'autres sites. Ces partenariats prennent souvent la forme d'un échange de bannières animées entre deux sites. Vous allez voir ici comment procéder pour créer une bannière publicitaire pour un site web.

Photoshop et ImageReady : l'animation facile

Photoshop est livré avec le logiciel ImageReady. Ce dernier permet d'animer les images créées avec Photoshop. Il est un complément indispensable lorsqu'on désire sortir des images fixes et goûter aux joies de l'animation.

Vous allez voir dans ce chapitre comment réaliser une bannière animée. Toute la conception et la préparation des images se dérouleront dans Photoshop. Pour ce qui est de l'animation, vous ferez appel aux fonctionnalités d'ImageReady. Le passage d'une application à l'autre se fait par un simple clic.

Créer une bannière animée

Vous n'avez pas pu passer à côté. Internet en est rempli ! Les bannières publicitaires sont le moyen le plus répandu pour faire connaître un site. Les programmes d'échange de bannières et de partenariats ne manquent pas sur la Toile, et il vous sera demandé dans la plupart des cas de fournir un visuel si vous voulez participer.

Vous allez apprendre dans les paragraphes suivants à réaliser une bannière standard, animée grâce à ImageReady pour la rendre plus attrayante.

Savoir *ce que l'on veut faire*

Il existe plusieurs formats courants de bannières. Le plus courant présente les dimensions suivantes : 468 pixels de long et 60 pixels de hauteur. Ce sont les dimensions de la bannière que vous allez créer.

Vous avez déterminé les dimensions de votre bannière. Il faut maintenant inventer un scénario pour l'animation. L'exemple que vous avez pris est une bannière publicitaire pour un site de fleuriste. Il va vous permettre d'utiliser la rose que vous avez détourée précédemment.

Reportez-vous au chapitre « Sélectionner un élément de l'image et l'isoler ».

Voici un scénario-type de bannière animée. Il est indispensable de l'écrire noir sur blanc avant de commencer à travailler. De cette manière, on sait toujours où l'on va et ce qu'il reste à faire.

- Deux roses de tailles différentes doivent apparaître progressivement sur un fond blanc, à gauche de la bannière.
- Un premier texte écrit en rouge doit apparaître en glissant depuis la droite de la bannière : « Livraison de fleurs à domicile ».
- Ce premier texte doit s'effacer au bout de quelques secondes.
- Immédiatement après l'effacement du premier texte, un second texte doit arriver par glissement de la même manière : « Un service monsite.com ».
- Dernière étape : après quelques secondes, le texte s'efface et l'animation doit revenir au début.

Tout y est ? Il n'y a plus qu'à se lancer.

Préparer *les photographies*

La première chose à faire est de créer un nouveau document dans Photoshop.

1 Pour cela, appuyez sur les touches Ctrl+N.

2 Dans la fenêtre qui s'ouvre, entrez les valeurs suivantes :

- *Largeur* : 468 pixels.
- *Hauteur* : 60 pixels.
- *Résolution* : 72 pixels par pouce.
- *Mode colorimétrique* : *Couleurs RVB – 8 bits.*
- *Contenu de l'arrière-plan* : *Blanc.*

3 Reprenez ensuite le document *rose.jpg* disponible sur le site www.microapp.com. Détourez la rose comme vous l'avez appris.

Reportez-vous au chapitre « Sélectionner un élément de l'image et l'isoler ».

Vous devriez obtenir une palette *Calques* avec un calque contenant l'image globale et, au-dessus, un autre contenant uniquement la fleur détourée.

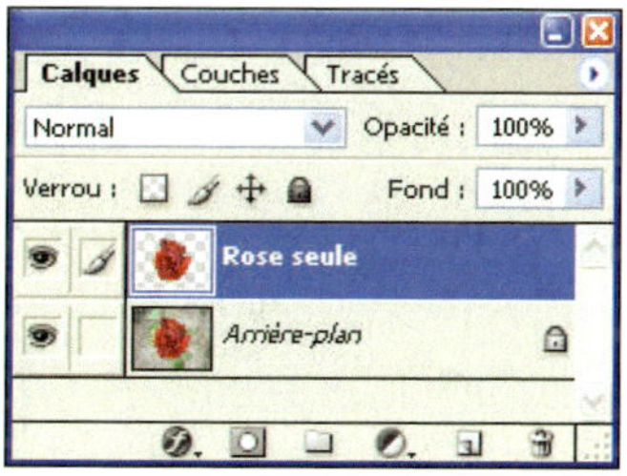

1 Sélectionnez le calque d'arrière-plan et cliquez sur le bouton de création de nouveau calque au bas de la palette *Calques*.

Un nouveau calque vide est créé entre les deux autres. Vous allez y placer un fond uniforme pour bien voir sur quoi vous travaillez.

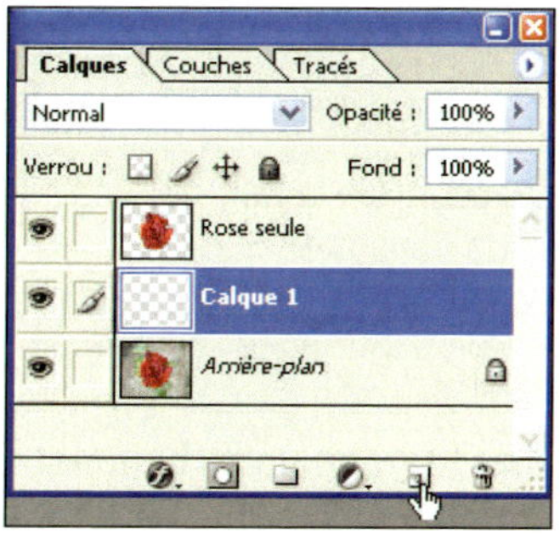

2 Prenez l'outil **Pot de peinture** dans la boîte à outils. Assurez-vous que la couleur de premier plan est du blanc. Cliquez ensuite sur l'image en prenant soin de vérifier que vous travaillez bien sur le calque vide que vous venez de créer.

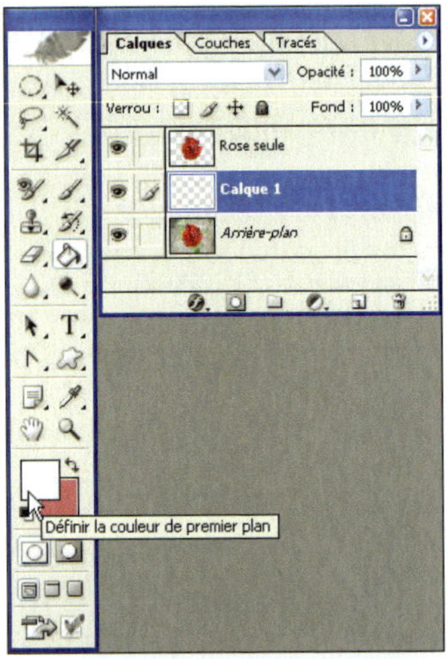

Votre document doit alors présenter la rose détourée.

3 Sélectionnez maintenant le calque de la rose dans la palette *Calques*.

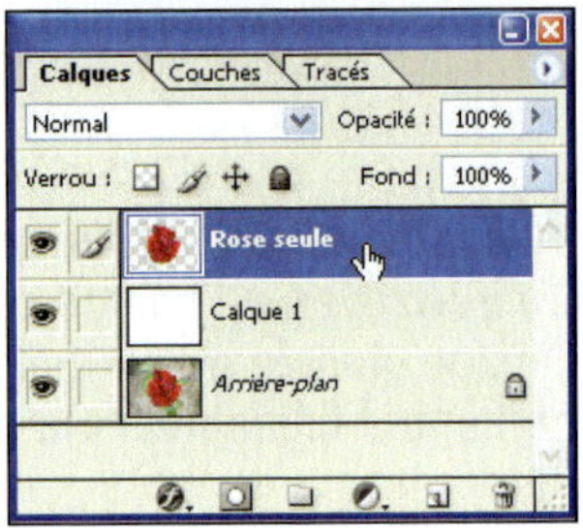

4 C'est le moment d'ajuster votre sélection. Pressez les touches Ctrl+(+) pour zoomer sur les contours de la fleur. Sélectionnez l'outil **Main** dans la boîte à outils pour glisser votre image dans le document et suivre les contours de la fleur. Si vous constatez que la fleur a été mal détourée, utilisez l'outil **Gomme** pour le corriger. Attention à bien avoir le calque de la rose actif !

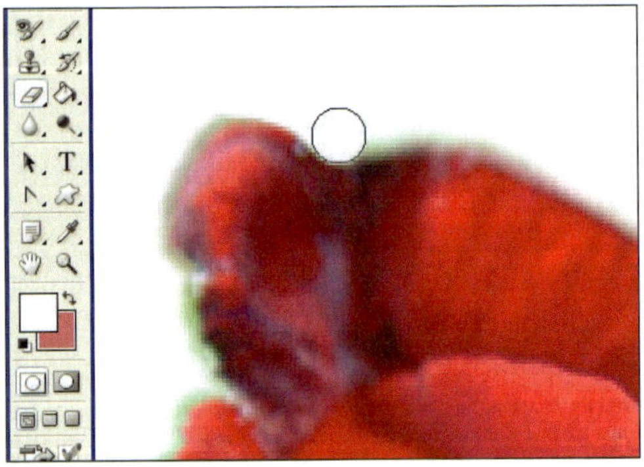

Une fois que votre fleur est détourée, vous allez la mettre à la bonne dimension. En effet, votre bannière ne fait que 60 pixels de hauteur.

5 Activez la commande **Image/Taille de l'image**. Entrez la valeur `130` pixels pour la hauteur en vérifiant que l'option *Conserver les proportions* est bien cochée.

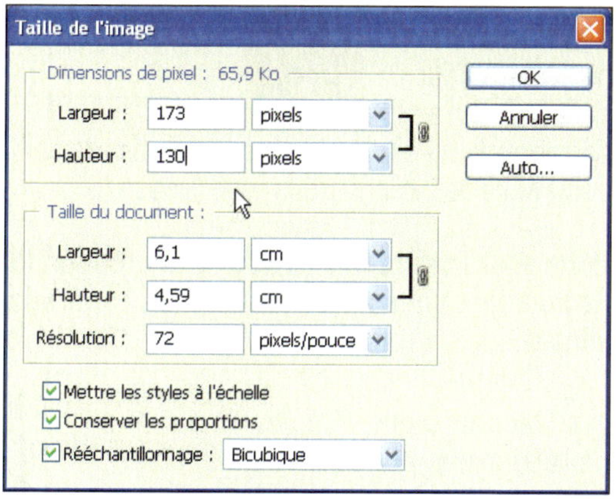

L'image est maintenant à la bonne dimension.

6 Activez la commande **Filtres/Renforcement/Plus net** pour compenser la perte de qualité qu'a subi la fleur au moment de la réduction. Prenez l'outil de **Déplacement** dans la boîte à outils.

7 Affichez les deux fenêtres sur lesquelles vous travaillez : la fenêtre avec le document rose et le document avec la bannière blanche. Placez-les à côté l'une de l'autre sur l'espace de travail.

Vous allez faire passer la fleur dans la bannière.

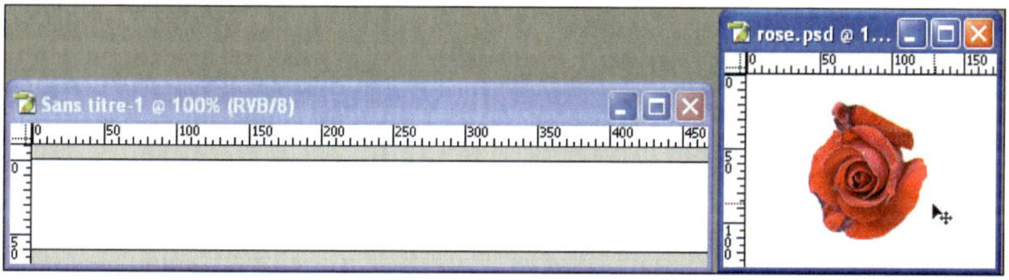

8 Glissez simplement la rose sur la bannière.

La fleur est alors copiée sur un nouveau calque dans la bannière.

9 Placez tout de suite la fleur à gauche de la bannière, là où elle devra apparaître lors de l'animation. Fermez le document de l'image de la rose, vous n'allez plus l'utiliser.

Vous allez maintenant passer à la création de la deuxième rose de l'animation. Vous en avez déjà une, l'opération va donc être très simple.

1 Dans la palette *Calques* du document de la bannière, placez le pointeur de la souris sur le calque contenant la rose. Glissez-le jusqu'à l'icône de création de nouveau calque.

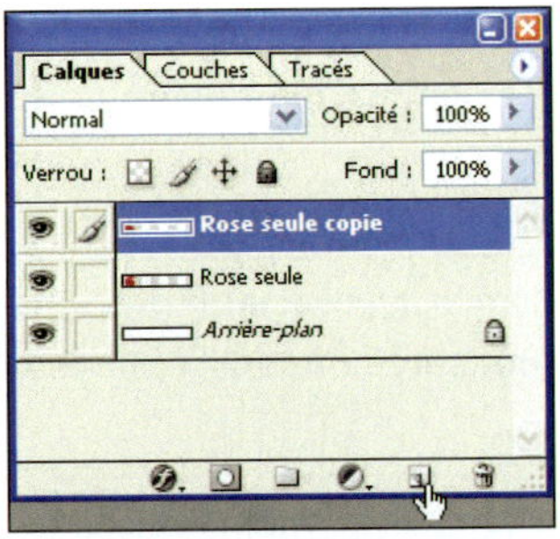

Le calque est dupliqué.

2 Masquez l'un des calques de la rose en cliquant sur l'œil placé en face et placez-vous sur l'autre calque.

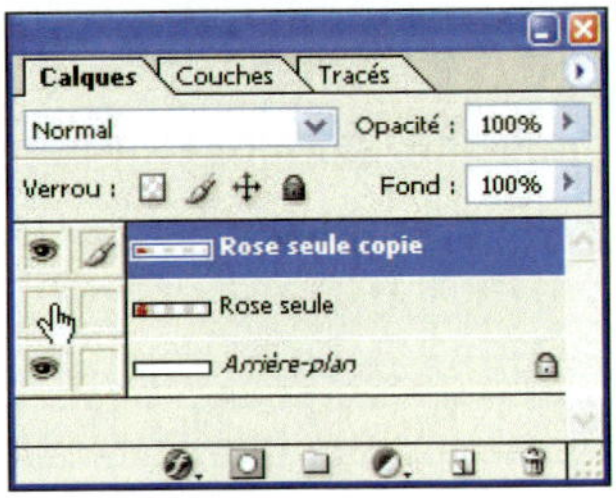

3 Dans le menu **Edition**, choisissez **Transformation/Homothétie**.

Un rectangle vient alors prendre place autour de la fleur.

4 Placez le pointeur sur l'un des angles de ce rectangle et, en maintenant la touche Ctrl et le bouton gauche de la souris enfoncés, glissez le rectangle de manière à diminuer sa taille. Lorsque vous relâchez le bouton, la fleur est redimensionnée. Double-cliquez pour valider.

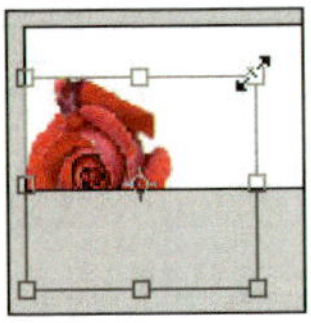

5 Affichez à nouveau tous les calques en cliquant sur la case laissée vide par l'œil du premier calque sur lequel se trouve la grande fleur. Avec l'outil de **Déplacement**, déplacez la petite fleur là où vous le désirez. Placez ensuite le pointeur sur le calque de la petite fleur dans la palette *Calques* et glissez-le juste en dessous de l'autre calque.

De cette manière, la petite fleur se retrouve masquée en partie par la grande.

Vos photographies sont bien en place. Toutefois, les deux fleurs ne se superposent pas correctement, elles donnent l'impression d'être collées. Vous allez ajouter un effet pour donner un peu de profondeur à la composition.

1 Sélectionnez le calque de la grande fleur et cliquez sur l'icône de création d'effets de calques située en bas de la palette *Calques*. Choisissez *Lueur externe*.

2 Dans la fenêtre **Style de Calque** qui apparaît, cliquez sur le petit carré jaune pour changer la couleur de la lueur. Modifiez également les valeurs suivantes :

- *Opacité* : 40 %.
- *Taille* : 8.

Vous pouvez voir le résultat directement sur le document si vous avez coché la case *Aperçu*.

3 Validez l'effet.

Cela vous donne un bon résultat.

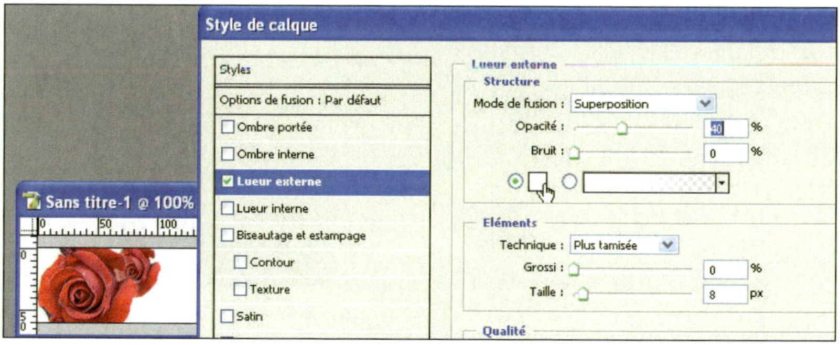

Il faut maintenant préparer les textes.

L'outil Loupe

Les bannières sont des documents relativement petits. N'hésitez pas à zoomer en utilisant la **Loupe** ou les touches Ctrl+[+]. Avec l'outil **Loupe** sélectionné, cochez la case *Redimensionner les fenêtres*. De cette manière, la totalité de la bannière sera toujours visible dans la fenêtre du document.

Préparer les textes

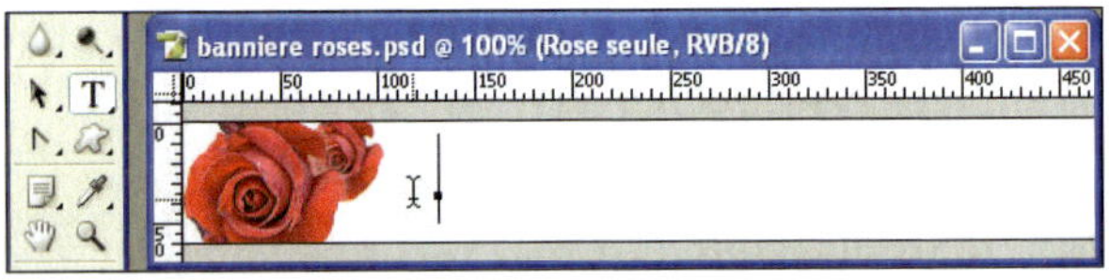

1 Sélectionnez l'outil **Texte** dans la boîte à outils et cliquez sur le document, approximativement à l'endroit où commencera votre texte.

2 Tapez votre premier texte sans vous soucier de la présentation. Il est possible que le texte dépasse du document, n'y prêtez pas attention pour l'instant et cliquez sur le bouton de validation dans la barre d'information située en haut de l'interface.

3 Cliquez sur l'icône d'activation de la palette *Caractère* dans la barre d'informations.

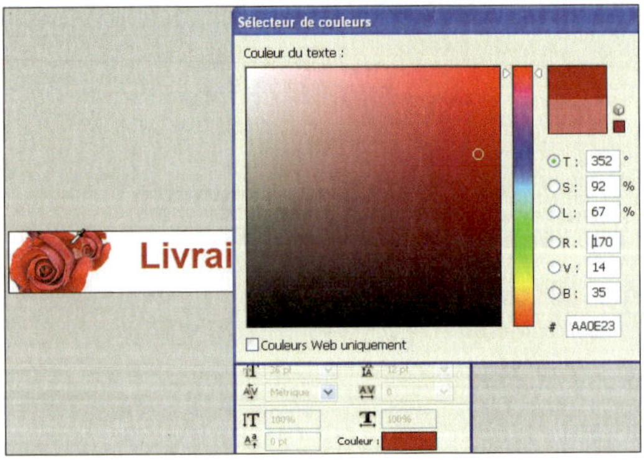

4 Double-cliquez sur le rectangle de couleur pour modifier la couleur du texte. Pour choisir une couleur en harmonie avec les roses, placez le pointeur sur l'une des roses de votre document. Il prend la forme d'une **Pipette**.

Cliquez une fois pour ponctionner la couleur se trouvant à la pointe de la **Pipette** et définir la nouvelle couleur du texte.

5 Vous pouvez ensuite régler les différents paramètres du texte dans la palette *Caractère*. Entrez les réglages suivants :

- *Police* : *Arial Black*.
- *Taille* : 18.

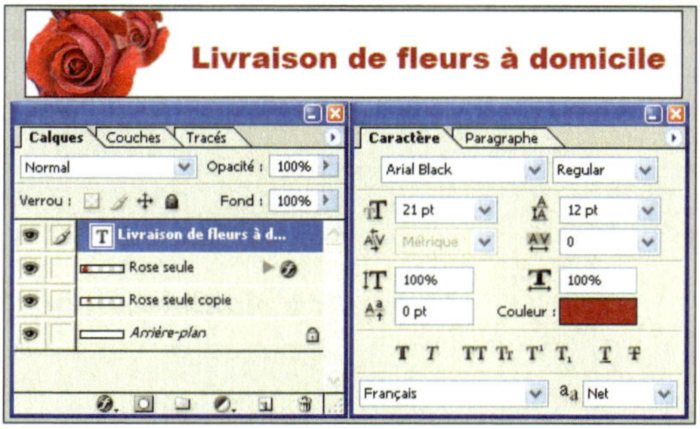

6 Pour mieux disposer votre texte sur la bannière, prenez l'outil **Déplacement** et déplacez le texte. Utilisez les flèches du clavier pour déplacer le texte pixel par pixel.

Votre bannière prend forme...

La meilleure méthode pour créer une bannière est de préparer tous les éléments dans Photoshop avant de passer à l'animation dans ImageReady. Vous allez donc préparer le second texte immédiatement. Pour cela, vous allez dupliquer le calque contenant le premier texte pour récupérer rapidement toutes les informations de mise en forme du texte (taille, police, couleur...).

1 Placez votre pointeur sur le calque contenant le premier texte dans la palette *Calques* et glissez-le jusqu'à l'icône *Création de nouveau calque* en bas de la palette.

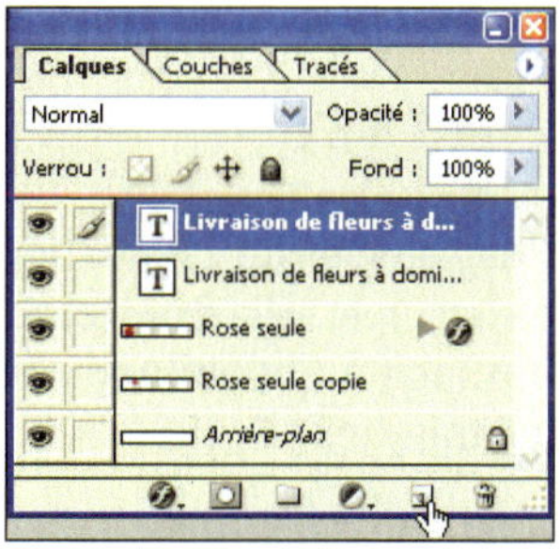

2 Masquez le calque contenant le premier texte en cliquant sur l'œil situé à côté du calque.

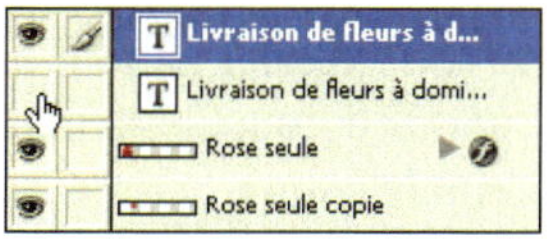

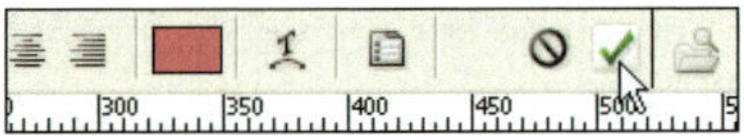

3 Avec l'outil **Texte**, cliquez au niveau du texte sur le document. Vous devriez pouvoir le modifier. Tapez le second texte et validez en cliquant sur le bouton de validation de la barre d'informations.

4 Si votre second texte n'est pas bien placé, utilisez l'outil **Déplacement** pour ajuster sa position.

Maintenant, vous devez avoir une palette *Calques* présentant chaque élément de votre animation sur un calque séparé, c'est-à-dire au total cinq calques. Vous allez pouvoir passer à ImageReady pour animer tout cela !

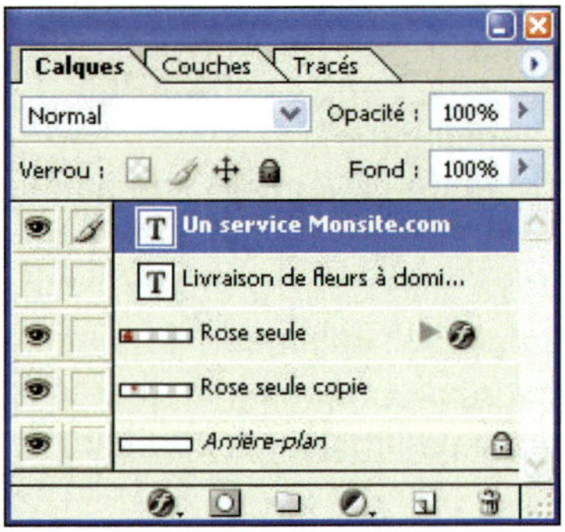

Passer à ImageReady

Pour passer de Photoshop à ImageReady, l'opération est très simple. Elle consiste à cliquer sur le bouton de passage à ImageReady dans la boîte à outils, ou à presser les touches Maj+Ctrl+M.

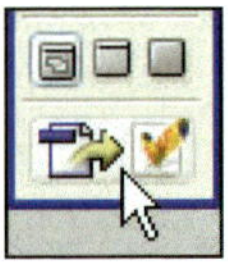

Cette opération fonctionne bien pour tous les documents Photoshop au format *.psd*. L'idéal est d'avoir, à l'instar de votre projet de bannière, tous les éléments graphiques de l'animation sur l'un des calques.

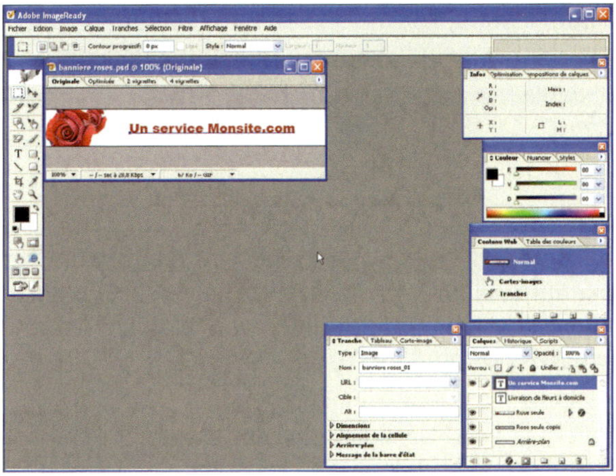

Une fois que vous avez cliqué sur le bouton de passage à ImageReady, le logiciel s'ouvre avec le document de la bannière prêt à être modifié. Vous pouvez constater que l'interface d'ImageReady ressemble beaucoup à celle de Photoshop.

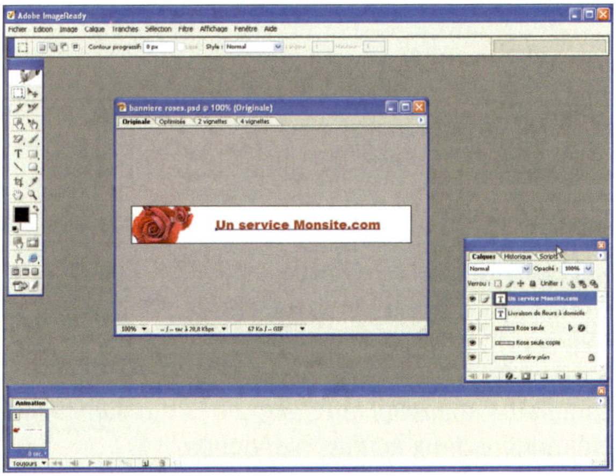

Vous allez avoir besoin de seulement quelques palettes. Vous pouvez donc fermer toutes les palettes présentes et activer ensuite **Fenêtre/ Animation** et **Fenêtre/ Calques** pour afficher les palettes *Animation* et *Calques*.

Faire apparaître un élément progressivement

La palette *Animation* située par défaut en bas de l'écran va permettre de visualiser les différentes étapes de l'animation. En effet, l'animation sera composée, à la manière d'un dessin animé, de plusieurs images qui, placées successivement formeront une séquence animée.

Pour l'instant, votre animation ne contient qu'une seule image, il n'y a donc qu'une seule vignette présente dans votre palette *Animation*.

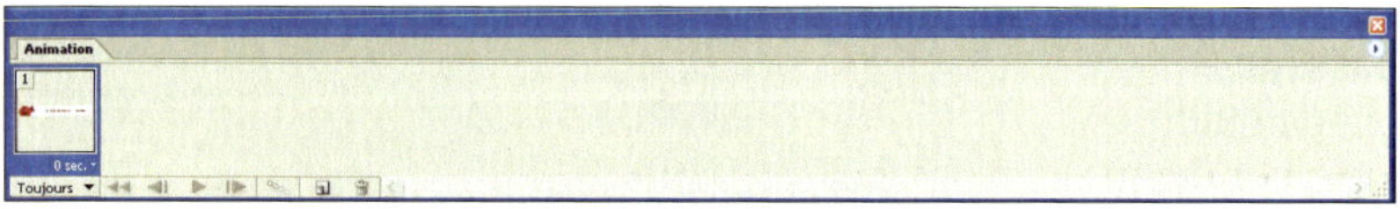

Vous allez procéder par étapes, en progressant petit à petit dans le scénario. Nous voulons tout d'abord que l'image soit complètement blanche pour permettre aux fleurs d'arriver en fondu, progressivement à l'image.

1 Pour cela, masquez tous les calques à l'exception du calque d'arrière-plan. Cliquez sur tous les yeux des calques dans la palette *Calques*.

2 Placez-vous maintenant sur la palette *Animation* et cliquez sur l'icône de reproduction d'image en bas de la palette.

La palette *Animation* présente maintenant deux images identiques.

3 Cliquez sur la seconde pour la sélectionner.

4 Dans la palette *Calques*, affichez le calque présentant la plus grande fleur.

Vous pouvez constater sur les vignettes de la palette *Animation* que seule la seconde image est affectée.

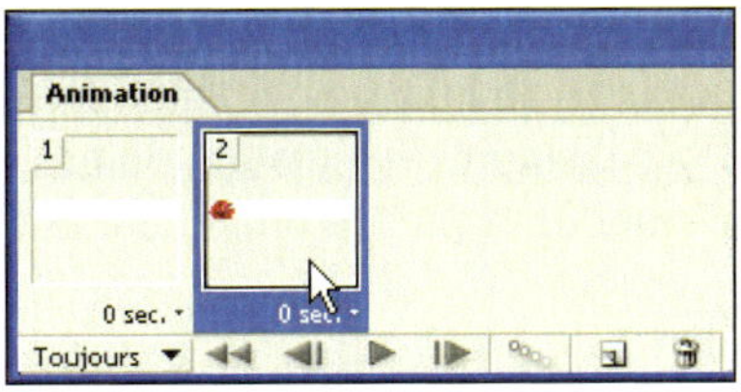

Pour l'instant, l'animation ne contient que deux étapes. Une étape où la bannière est totalement blanche, et une autre où la grande rose est présente. Il faut afficher progressivement cette seconde image.

1 Placez-vous sur l'image numéro 2 et cliquez sur l'icône *Trajectoire* au bas de la palette.

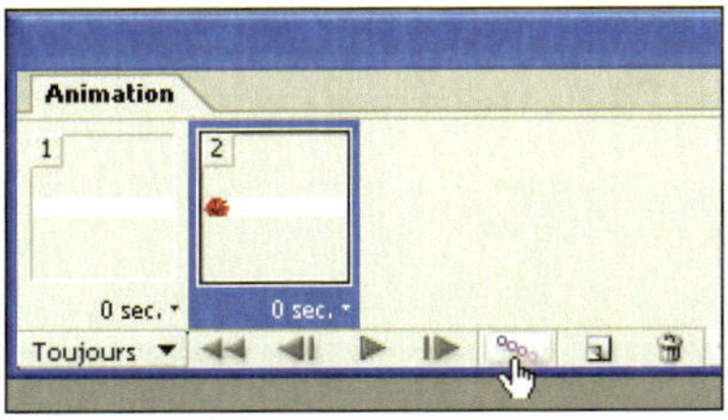

2 Dans la fenêtre qui s'ouvre, choisissez les paramètres suivants :

- *Trajectoire* : *Avec image précédente*.
- *Images à ajouter* : 3.
- *Tous les calques*.
- *Opacité*.

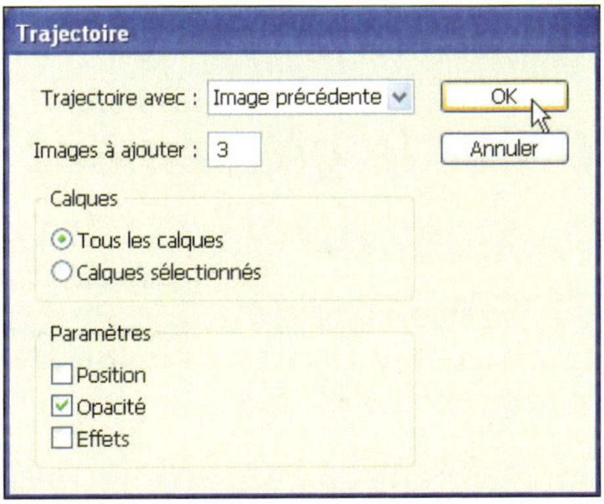

3 Validez.

Trois images viennent alors s'ajouter automatiquement à l'animation. La rose s'affiche progressivement.

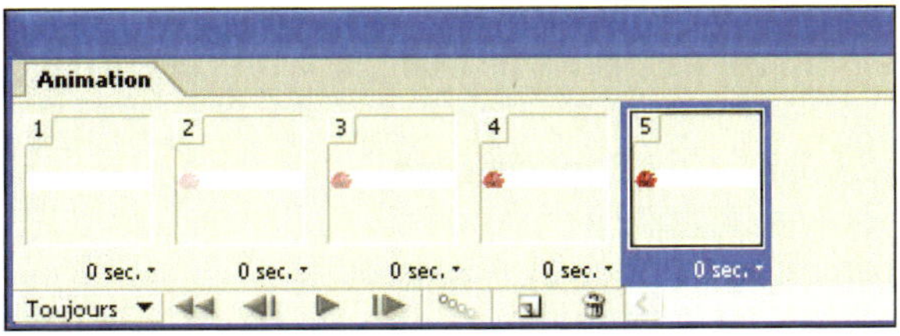

À chaque étape, ImageReady a calculé une opacité pour rendre l'animation cohérente.

Vous pouvez tester vos animations à tout moment en utilisant les boutons de lecture d'animation situés au bas de la palette *Animation*. Pour l'instant, l'animation doit se dérouler trop rapidement, ne vous en préoccupez pas, le timing est la dernière étape de la création.

4 Répétez exactement la même opération à partir de l'image 5, pour la seconde rose.

Votre bannière doit comporter 9 étapes et présenter deux fleurs qui apparaissent progressivement l'une après l'autre.

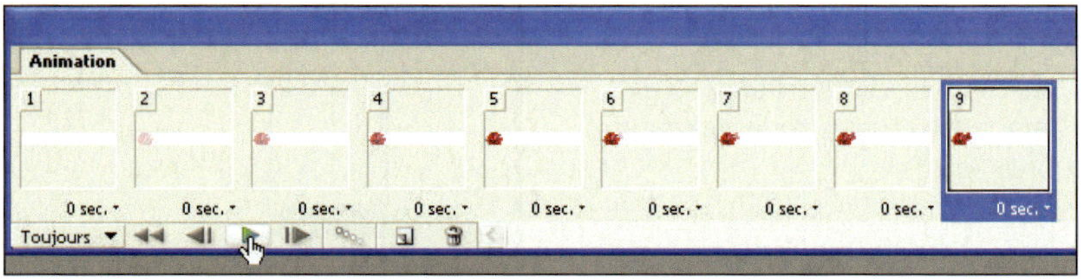

Intéressons-nous maintenant aux textes.

Créer le glissement automatique du texte

1 Cliquez sur l'image 9 dans la palette *Animation*. Cliquez ensuite sur l'icône *Duplication d'image* située en bas de la palette.

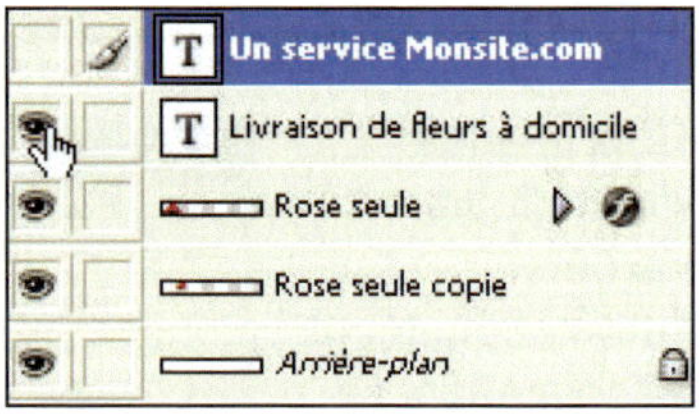

2 Affichez le calque contenant le premier texte dans la palette *Calques* en cliquant sur l'icône de l'œil.

3 Avec l'outil **Déplacement**, déplacez le texte à droite de la bannière jusqu'à ce qu'il disparaisse totalement de l'image.

Cela correspondra à la position initiale du texte.

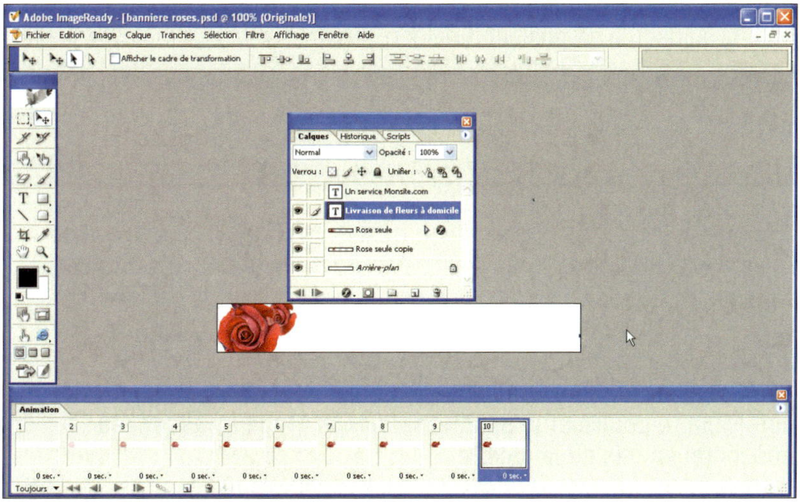

4 Cliquez à nouveau sur l'icône *Duplication d'image* pour créer l'image 11. Toujours avec l'outil de **Déplacement**, placez votre premier texte à l'endroit où il devra terminer son mouvement de glissement.

5 Toujours avec l'image 11 sélectionnée dans la palette *Animation*, cliquez sur l'icône *Trajectoire* pour ouvrir la fenêtre qui va vous permettre d'ajouter automatiquement des étapes à l'animation. Entrez les valeurs suivantes :

- *Trajectoire* : *Avec image précédente.*
- *Images à ajouter* : 3.
- *Tous les calques.*
- *Position.*

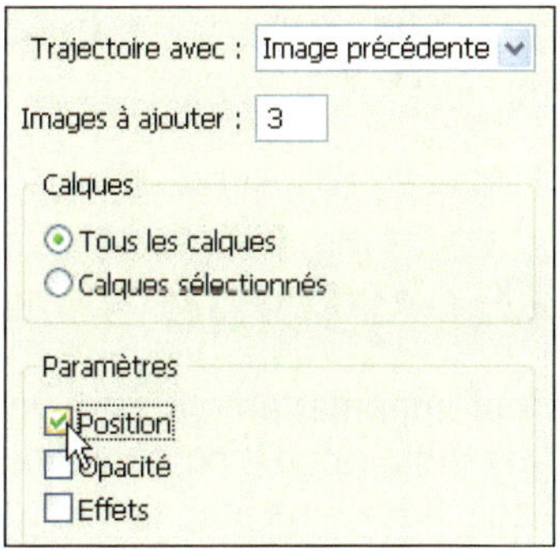

Le glissement du texte est calculé automatiquement par ImageReady.

Vous pouvez constater que trois images intermédiaires ont été ajoutées pour créer le glissement du texte depuis la droite de la bannière jusqu'à sa position finale.

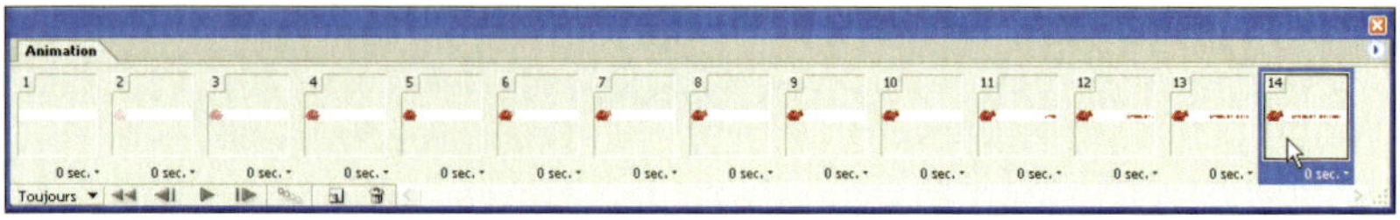

6 Afin de faire disparaître le texte, sélectionnez la dernière image de l'animation dans la palette *Animation* et cliquez sur l'icône de duplication d'image. Masquez le calque où se trouve le texte dans la palette *Calques*. Répétez exactement la même opération pour glisser le second texte.

Vous obtenez au final une animation qui comporte 20 étapes. Vous pouvez faire coulisser la palette *Animation* grâce à l'ascenseur horizontal en bas de la palette.

7 Testez votre animation en utilisant les boutons de lecture situés en bas de la palette.

Vous pouvez constater que l'animation se déroule trop vite et n'a aucun rythme. Il vous faut donc appliquer un timing à chaque étape de l'animation.

Supprimer une image

Si une image intermédiaire de l'animation ne vous convient pas, il est possible de l'effacer. Dans la palette *Animation*, glissez l'image jusqu'à l'icône *Poubelle* située en dessous.

Du rythme *dans l'animation !*

Pour imprimer un rythme à votre animation et lui donner plus de vie, il faut définir combien de temps restera affichée chaque image de l'animation. Les étapes importantes comme l'affichage des textes auront un temps d'affichage plus long que les images intermédiaires d'un mouvement.

1 Pour régler le temps d'affichage d'une image, cliquez sur la petite flèche noire située en bas à droite de chaque vignette de la palette *Animation*.

2 Sélectionnez alors le temps que vous désirez.

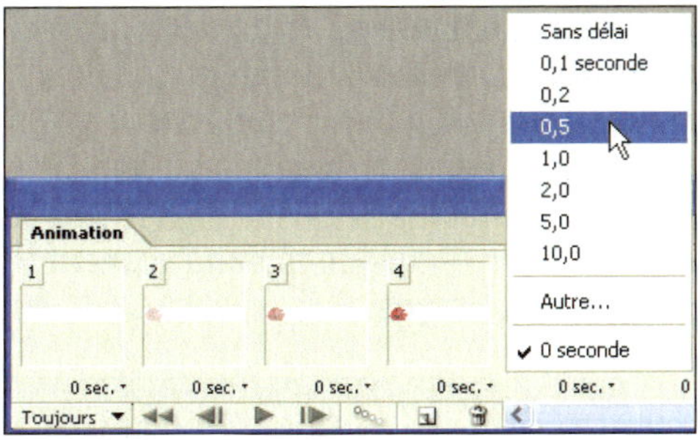

Voici un exemple de timing pour cette animation :

- Images 1 à 4 : 0 secondes.
- Image 5 : 0,2 secondes.
- Images 6 à 8 : 0 secondes.
- Image 9 : 0,5 secondes.
- Images 10 à 13 : 0 secondes.
- Image 14 : 2 secondes.
- Images 15 à 19 : 0 secondes.
- Image 20 : 5 secondes.

Vous pouvez télécharger le fichier source *banniererose.psd* de la bannière depuis le site www.microapp.com.

Exporter *le résultat*

Jusqu'à présent, vous avez travaillé sur un document ayant une qualité optimale. Pour pouvoir être utilisée sur le Web, la bannière doit être exportée au format *.gif*. Comme vous l'avez vu au cours des chapitres précédents, ce format permet d'obtenir des fichiers très légers prenant en charge les animations.

Afin d'obtenir un rapport qualité d'image/taille du fichier équilibré, vous allez optimiser l'animation.

1 Cliquez sur l'onglet **2 vignettes** de votre document.

La fenêtre se divise alors en deux parties. Le document supérieur représente la version originale. La vue inférieure donne un aperçu de la version finale enregistrée au format *.gif*. Cet aperçu est primordial car il permet de suivre en temps réel l'impact des modifications que vous allez effectuer. Sous la vignette sont présentés la taille du fichier optimisé, son temps de téléchargement théorique et le nombre de couleurs de l'image.

2 Cliquez sur **Fenêtre/Optimisation** ou pressez la touche F10 pour faire apparaître l'interface d'optimisation.

Vous y trouvez les mêmes options que dans l'interface **Enregistrer pour le web** de Photoshop.

Les réglages indispensables à un bon enregistrement d'une bannière GIF animée sont simples :

- *Format* : *GIF*.
- *Transparence* : décochez la case.
- *Entrelacé* : décochez la case.

3 Choisissez un nombre de couleurs permettant de réduire au minimum la taille du fichier, tout en préservant une bonne qualité d'image. Diminuez ce nombre jusqu'à 16 couleurs.

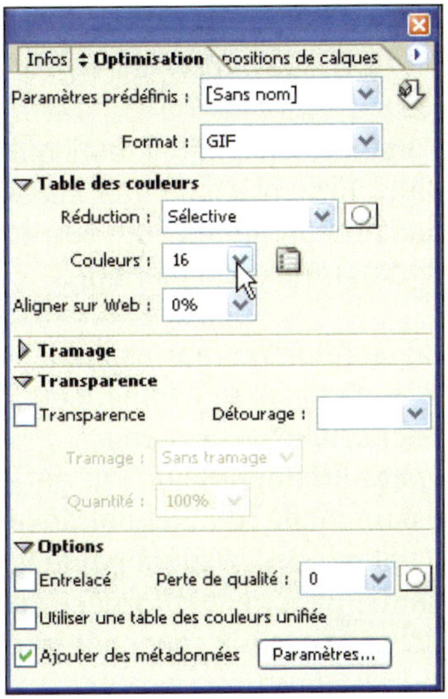

Pour visualiser le résultat du changement de nombre de couleurs, il est indispensable de lire l'animation en entier : une telle modification peut ne pas avoir d'effet sur une image de l'animation, mais détériorer considérablement une autre.

4 Placez-vous sur l'image qui contient le plus de couleurs pour régler les paramètres d'optimisation. Choisissez de n'afficher que 16 couleurs.

ImageReady choisit automatiquement les couleurs les plus importantes pour garder le meilleur rendu.

5 Une fois tous les réglages effectués, sauvegardez votre travail au format *.psd*.

Cela vous permet de garder toutes les informations de l'animation pour pouvoir la modifier plus tard si besoin.

6 Pour enregistrer la version optimisée destinée au Web (au format *.gif*), utilisez la combinaison de touches Ctrl+Maj+Alt+S ou sélectionnez **Enregistrer une copie optimisée sous...** dans le menu **Fichier** et choisissez un dossier pour y ranger votre création.

Le poids d'un fichier GIF animé

Il est très important de se préoccuper de la taille de ce type de fichiers car il ne faut pas oublier qu'il est destiné à des fins promotionnelles. Si votre bannière est trop lourde, elle mettra beaucoup de temps à se charger. L'internaute risque de changer de page avant même de voir votre bannière, ce qui serait dommage !

Utiliser l'histogramme

L'histogramme est un outil qui peut très vite devenir incontournable dans votre pratique de Photoshop. Il trouve son utilité surtout auprès des photographes pour leur permettre de contrôler la qualité de leurs photographies numériques.

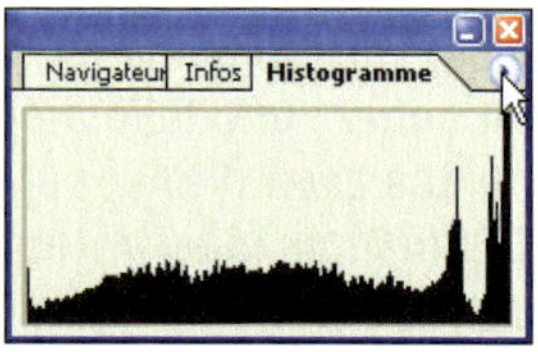

L'histogramme représente la répartition des tons d'une image numérisée. Il est accessible par le menu **Image/Histogramme**. Par défaut, la palette est en mode réduit. Pour développer toute la palette, cliquez sur la petite flèche située en haut à gauche et choisissez **Affichage de toutes les couches**. Toutes les couches (de rouge, de vert et de bleu) sont analysées séparément. Nous allons nous intéresser à l'historique global de l'image, situé tout en haut, pour comprendre son fonctionnement.

Comment lire l'histogramme ?

L'axe horizontal représente les tons : à gauche, les couleurs foncées et, à droite, les couleurs plus claires. Entre les deux extrémités se trouve toute la gamme des tons intermédiaires.

Plus un pic est élevé, plus la quantité de pixels correspondant au ton est importante dans l'image. Ainsi, si l'histogramme présente des pics à ses deux extrémités, cela signifie que les tons très clairs et très foncés sont très présents dans l'image. L'image est donc très contrastée et manque de détails dans les valeurs intermédiaires.

Une image de très bonne qualité dispose d'un histogramme à peu près homogène sur toutes les valeurs, ce qui est synonyme de détails très fins pour les tons foncés, moyens et clairs.

Comment l'utiliser ?

Le but va donc être de répartir les tons sur toute la longueur de l'histogramme. Pour cela, le meilleur outil est bien souvent la palette *Luminosité/Contraste* accessible par le menu **Image/Réglages/Luminosité/Contraste**.

Lorsque vous modifiez une valeur de luminosité ou de contraste, vous pouvez observer automatiquement l'histogramme qui change d'allure. En transparence, vous avez l'ancienne forme de l'histogramme pour vous permettre d'avoir un point de repère. Lorsque l'histogramme est harmonieux, votre image doit avoir une excellente qualité.

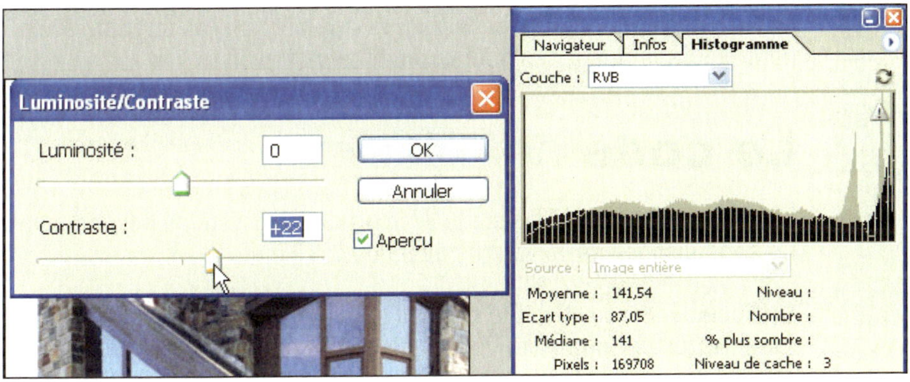

Pour obtenir des informations de l'histogramme sur une partie de l'image uniquement, prenez un outil de sélection en pressant la touche M et sélectionnez la partie qui vous intéresse.

Les couleurs du Web

Il existe 216 couleurs dites couleurs web sécurisées. Ces couleurs sont utilisées par tous les navigateurs Internet, quelle que soit la plate-forme utilisée.

Les navigateurs convertissent toutes les couleurs d'une image lors de leur affichage sur un écran 8 bits. Il est donc recommandé de faire des graphiques en utilisant ces 216 couleurs pour être assuré que l'image destinée à être publiée sur Internet s'affichera correctement, même si le navigateur de l'internaute est configuré pour un affichage 256 couleurs.

Si vous n'utilisez pas ces couleurs, les navigateurs n'affichant que 256 couleurs les remplaceront par des couleurs web sécurisées, une approximation qui réduit de beaucoup la qualité de l'illustration, et qui peut réduire à néant des heures entières de travail !

Le code hexadécimal

Les couleurs sont codées sur le Web grâce à un système hexadécimal. Ce code dispose de 16 valeurs allant de 0 à 9 et de A à F.

Une couleur sur le Web (qu'elle soit sécurisée ou non) sera représentée par une suite de six valeurs. Dans cette suite, on distinguera trois groupes : les deux premières valeurs codent la couleur rouge, les deux suivantes le vert et les deux dernières codent le bleu. La résultante de cette combinaison crée une valeur originale qui affiche une couleur.

Ainsi, la couleur codée 000000 correspond au noir, FFFFFF au blanc, FF0000 au rouge, 00FF00 au vert… Il est possible d'obtenir un très grand nombre de nuances : par exemple, le code hexadécimal 9A9AAA génère un gris-bleu qui n'est pas une couleur web sécurisée.

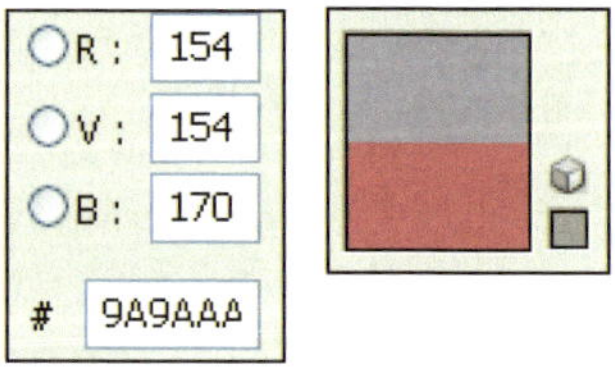

Les couleurs web sécurisées sont codées à l'aide du même code hexadécimal, mais certaines valeurs ne sont pas acceptées. En effet, seuls les doublons de valeurs sont autorisés pour chaque groupe. Ainsi, la première composante du code (celle qui donne la valeur de rouge) ne pourra être nuancée que par des valeurs allant de 00 à FF, de même pour les deux autres composantes (vert et bleu).

Où trouver les couleurs web sécurisées ?

1 Cliquez sur l'icône de couleur de premier plan dans la boîte à outils.

2 Dans la palette qui s'affiche, cochez la case *Couleurs web uniquement*.

L'apparence de la palette est modifiée et ne présente plus de dégradés continus de couleurs, mais des valeurs de couleurs compatibles avec la norme web sécurisée.

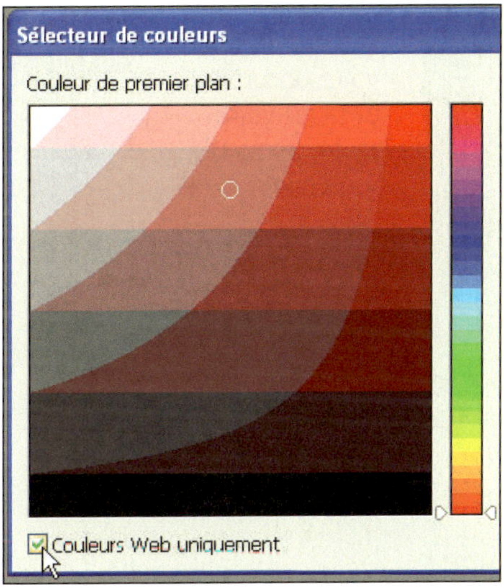

Quelle que soit la couleur que vous choisissez, elle s'affiche correctement dans tous les navigateurs web. Le code de la couleur que vous sélectionnez est affiché dans la case # dans l'interface de la palette. Si vous essayez de taper une valeur non sécurisée, elle est automatiquement corrigée et remplacée dans la palette.

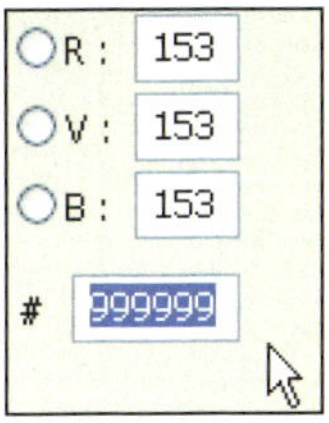

Déformation d'un texte

Lorsque vous saisissez un texte avec Photoshop, vous pouvez l'utiliser de la même manière qu'un objet vectoriel. Vous pouvez donc lui appliquer toute une série de transformations sans qu'une perte de qualité ne soit constatée. Vous allez travailler sur un nouveau document, à fond blanc de préférence.

Déformation standard

1 Sélectionnez l'outil **Texte** dans la boîte à outils et choisissez la couleur bleue comme couleur de premier plan en double-cliquant sur le carré de couleur de premier plan au bas de la boîte à outils.

2 Cliquez sur votre document et tapez votre texte. Lorsque vous avez fini de saisir le texte, cliquez sur le bouton de validation dans la barre des paramètres.

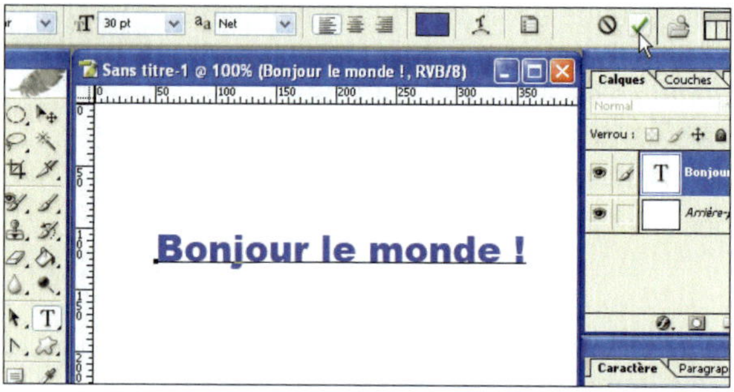

3 Cliquez sur l'icône *Création de texte déformé* dans la barre des paramètres pour appliquer des transformations prédéterminées à votre texte. Validez la transformation lorsque l'aperçu que vous en avez-vous convient.

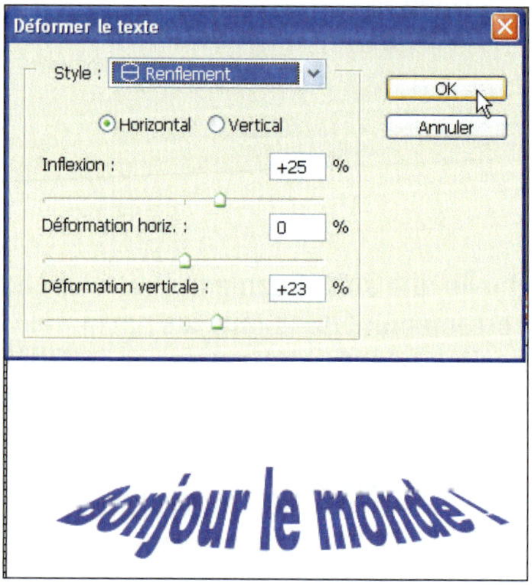

Déformation personnalisée

Pour concevoir des mises en pages élaborées et personnalisées, il est possible de faire suivre un tracé de votre choix au texte. Pour commencer, vous allez utiliser l'outil **Plume libre** dans la boîte à outils.

1 Tracez avec l'outil **Plume libre**, la ligne directrice que votre texte devra suivre. Ne prêtez pas attention à la couleur de remplissage pour l'instant ; tout ce qui compte, c'est la forme du tracé.

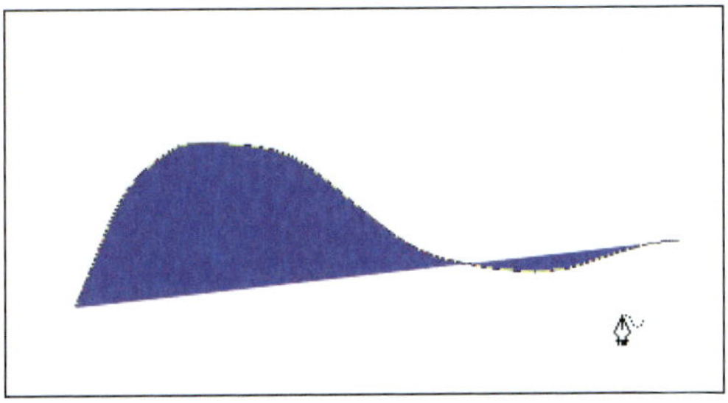

2 Dans la palette *Calques*, double-cliquez sur la couleur du calque de tracé qui vient d'être créé. Choisissez du blanc de manière à rendre plus visible le futur texte.

3 Prenez l'outil **Texte** dans la boîte à outils. Placez le pointeur sur le tracé.

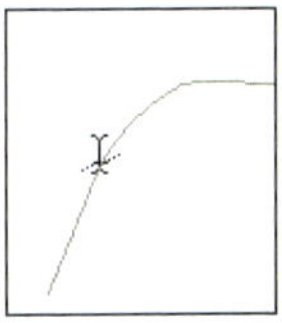

Le pointeur doit légèrement changer d'apparence.

4 Cliquez sur le tracé et tapez votre texte, qui suivra la ligne courbe que vous avez tracée.

5 Utilisez l'outil **Conversion de point** pour modifier le tracé, si besoin.

Le texte suivra alors les modifications automatiquement.

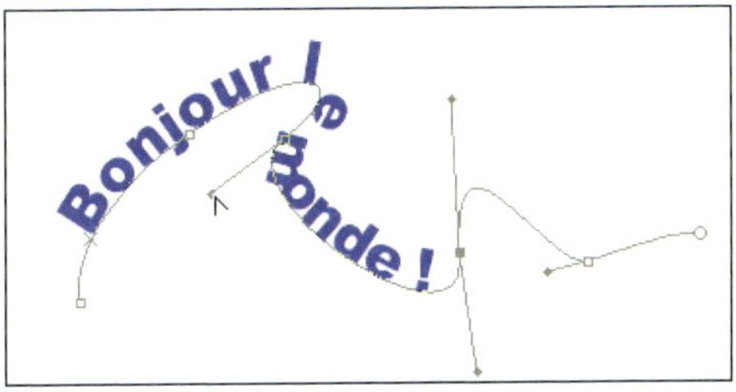

La compression d'image

Les enregistrements d'images pour le Web sont parfois de véritables casse-tête. Il existe quatre formats de fichiers image adaptés au Web : JPEG, GIF, BMP et PNG. Chacun adopte une stratégie particulière pour exporter le fichier.

Les formats BMP et PNG permettent de garder une qualité maximale, mais génèrent des fichiers assez lourds et donc peu adaptés à une utilisation courante sur le Web.

Les fichiers *.jpeg* et *.gif* sont particulièrement utilisés sur Internet. En effet, ils permettent de diminuer de manière très significative la taille d'un fichier. La contrepartie est la perte de qualité de l'image. Cette diminution de la taille des fichiers est appelée « compression ».

La compression GIF

L'effet de l'algorithme de compression *.gif* est très visuel. Il consiste principalement en la diminution du nombre de couleurs de l'image. On comprend donc pourquoi ce type de compression ne convient pas aux images contenant des dégradés de couleurs. Le format GIF est souvent utilisé pour les dessins et les illustrations ne contenant que peu de couleurs.

La compression JPEG

La compression *.jpg* diminue les détails. Elle est principalement utilisée pour les images à tons continus, comme les photographies. Ces dernières présentent une palette de couleurs importante, notamment en raison des nombreux dégradés.

La valeur de compression détermine la qualité de l'image. Pour pouvoir accéder aux paramètres de compression, cliquez sur **Fichier/Enregistrer pour le Web**.

En choisissant d'exporter une image au format JPEG, vous avez la possibilité de modifier plusieurs paramètres de compression. Le principal est nommé *Qualité*. Plus vous diminuez la qualité, plus l'algorithme de compression est puissant. Avec une qualité minimale, des petits carrés apparaissent sur l'image. Ce phénomène est dû à la méthode de compression.

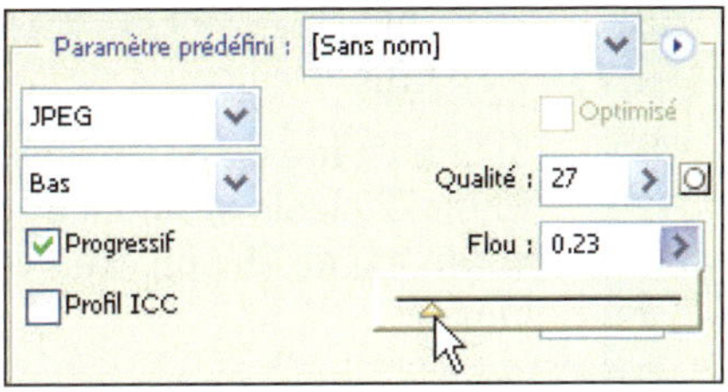

L'option *Flou* (ou *Atténuation* dans ImageReady) permet de diminuer encore un peu plus la qualité de l'image sans trop perdre visuellement. Le flou atténue les petits carrés (pixels) que vous avez constatés.

La compression *.jpeg* permet de choisir quelques options intéressantes, notamment l'option *Progressif*. Lorsque cette case est cochée, l'image s'affiche en plusieurs fois en commençant par une version basse résolution (plus rapide à charger sur le Web).

Une erreur à ne pas commettre

Il ne faut pas enregistrer plusieurs fois une image au format JPEG. L'effet des compressions se répercute un peu plus à chaque enregistrement sans pour autant réduire la taille du fichier.

Enfin, si vous voulez diminuer la taille de vos fichiers image, faites attention de ne pas utiliser une résolution plus élevée que nécessaire (72 pixels par pouce pour le Web) et ajustez exactement les dimensions de l'image. Pas plus !

La taille d'impression des images

Cette fiche pratique aborde un point théorique important. En effet, l'impression d'une image est la dernière étape d'un projet et il est primordial de vous assurer que vos efforts ne seront pas réduits à néant au moment de l'impression. Qu'il s'agisse de photos de vacances ou d'une création artistique, il est nécessaire de bien maîtriser tous les paramètres, notamment de dimension et de résolution. Ils sont accessibles par le menu **Image/Taille de l'image**.

Résolution et taille de l'image

Si une image destinée au Web peut se contenter d'une résolution de 96 ou 72 pixels par pouce (ppp) parce que la résolution maximale d'un écran est de 96 ppp, il en va tout autrement pour une impression sur papier.

En effet, si vous avez déjà fait des essais, vous avez pu constater que la taille d'impression diffère de la taille d'affichage à l'écran.

Prenons un exemple : sur un écran de résolution 96 ppp, vous désirez afficher une image de 1 x 1 pouce, de résolution 96 ppp. Elle s'affichera sur une zone mesurant 1 x 1 pouce sur l'écran. Maintenant, si cette même image a une résolution de 192 ppp, elle s'affichera à l'écran sur une zone de 2 x 2 pouces.

Si vous avez compris cette petite gymnastique de l'esprit, vous allez comprendre que le problème est le même pour les impressions.

La résolution d'impression

Chaque imprimante possède ses propres caractéristiques. Une résolution d'impression courante est de 600 ppp (la résolution est exprimée ici en nombre de points d'encre par pouce).

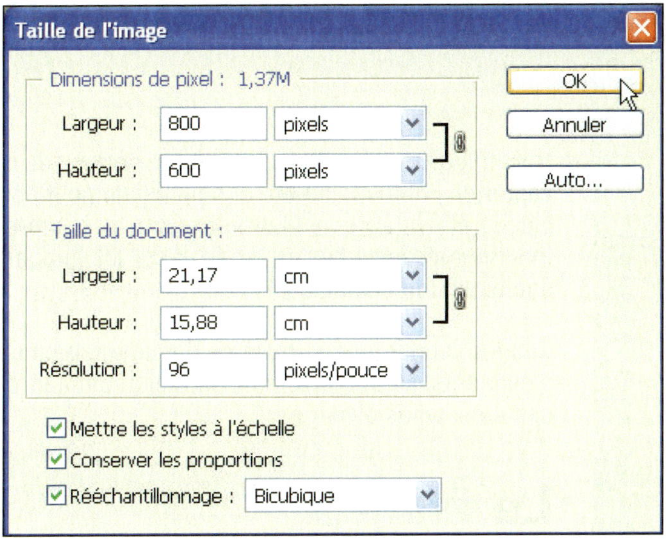

Si votre image mesure 1 x 1 pouce et possède une résolution de 600 ppp, elle sera parfaitement imprimée sur une imprimante ayant une résolution d'impression de 600 ppp.

Si cette même image possède une résolution supérieure à 600 ppp, elle sera imprimée de la même manière. La seule différence est qu'elle peut être agrandie sans perte de qualité.

Si l'image possède une résolution inférieure à 600 ppp, elle perdra de sa qualité car les pixels qui la composent sont moins nombreux que les points d'encre nécessaires à une impression correcte. La solution est de diminuer la taille de l'image pour pouvoir retrouver une qualité maximale.

Ces notions ne sont pas tout à fait correctes dans la pratique. Il existe un autre paramètre à connaître : la linéature (ou trame). Elle représente le nombre de points d'impression par pouce et est mesurée en nombre de lignes par pouce (lpp). On l'utilise pour des images en niveaux de gris ou des séparations de couleurs.

On considère que la résolution de l'image doit être égale à 1,5 ou 2 fois la linéature pour produire une impression de qualité optimale. Toutefois, une résolution plus faible donne souvent des résultats acceptables. Pour connaître la linéature de votre imprimante, consultez la documentation qui l'accompagne.

Les images bitmap et vectorielles

Les images numériques sont principalement de deux types : bitmap ou vectoriel. Photoshop a été conçu initialement pour gérer des images bitmap et a intégré au fil des versions de nombreux outils et fonctionnalités dédiés au mode vectoriel. ImageReady profite également de ces améliorations.

Sachez avant tout qu'un même document peut contenir les deux types d'éléments. Il est bon toutefois de bien connaître la différence entre ces deux types d'images.

Le bitmap

Les images bitmap (ou pixellisées) sont formées par une grille indéformable de points. Chaque case de cette grille est appelée « pixel ». Une couleur est attribuée à chaque pixel. La juxtaposition des points forme des surfaces de couleurs différentes constituant l'image.

Lorsque vous numérisez une image (avec un scanneur ou un appareil photo numérique par exemple), vous convertissez l'image en pixels. Plus vous augmentez la résolution de votre scanneur, plus le nombre de pixels formant l'image sera important. Mais même une image numérisée à une très haute résolution contiendra un nombre fixe de pixels. En agrandissant fortement l'image lors de l'impression, il est probable que les pixels soient visibles, ce qui donne un aspect crénelé à l'image.

L'avantage des images bitmap est qu'elles permettent de jouer facilement avec une très large gamme de couleurs.

Le vectoriel

Les outils vectoriels de Photoshop sont regroupés dans la boîte à outils. Ils permettent de créer des formes géométriques ou libres.

À l'inverse des images bitmap, les formes ne sont pas figées par un nombre de pixels. Elles sont le résultat de calculs. En effet, les lignes, les courbes, les emplacements des points sont définis en fonction de paramètres mathématiques. La technique utilisée pour calculer la forme d'un objet est la technique des vecteurs.

Par exemple, pour former une courbe en S, l'image bitmap va devoir mémoriser l'emplacement de chaque pixel de l'image pour pouvoir ensuite la rendre correctement. Pour une image vectorielle du même S, l'ordinateur calcule une courbe entre deux points de l'image.

L'avantage des éléments vectoriels est qu'ils peuvent être agrandis et modifiés sans aucune perte de qualité (la valeur de courbure reste la même quelle que soit sa taille). Les graphistes qui conçoivent des logos utilisent ces outils pour permettre des agrandissements sans contrainte de résolution.

Lorsque, sur le même document, les éléments bitmap et vectoriels cohabitent, il est souvent nécessaire de pixelliser les calques vectoriels pour pouvoir enregistrer l'image au format JPEG, par exemple. Pour cela, placez-vous sur le calque vectoriel dans la palette *Calques* et cliquez avec le bouton droit de la souris. Sélectionnez **Pixelliser le calque** dans le menu contextuel.

Personnaliser Photoshop

Une fois passée la période d'apprentissage, vous aurez acquis quelques habitudes de travail. Ainsi, vous apprécierez certainement de regrouper certains onglets au sein d'une même palette, d'en éliminer d'autres, de disposer vos palettes et votre boîte à outils de telle ou telle manière… bref, de personnaliser Photoshop.

Voici quelques astuces qui n'ont l'air de rien, mais qui font que Photoshop reste toujours très convivial et qu'on ne se perd jamais dans l'interface.

Les palettes sont des outils extrêmement pratiques. Mais lorsqu'elles sont toutes affichées en même temps à l'écran (comme c'est le cas par défaut), la zone de travail est considérablement réduite. De plus, avec un peu de pratique, vous aurez vite fait de voir qu'elles ne sont pas toutes utilisées aussi fréquemment. L'idéal est de pouvoir accéder en un clic aux informations les plus courantes.

Ainsi, pour la majorité des travaux, la palette *Calques* doit être très facilement accessible, la palette *Historique* est aussi fréquemment utilisée. Vous allez donc afficher seulement ces deux palettes sur la surface de travail.

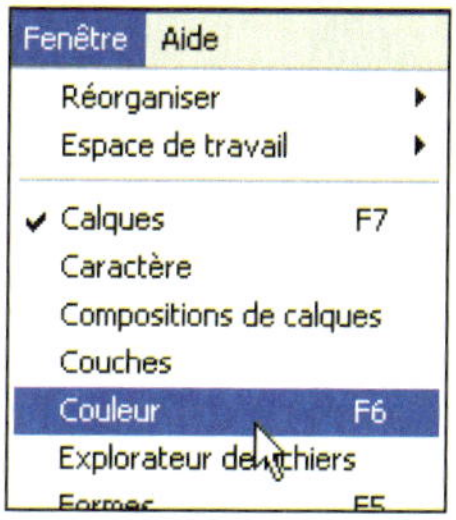

1 Pour afficher seulement la palette *Calques* et ses onglets, décochez les commandes **Navigateur** et **Couleur** dans le menu **Fenêtre**.

2 Repérez l'onglet **Historique**. Glissez tous les autres onglets hors de la palette. Chacun va former une nouvelle palette à part entière. Pour glisser un onglet, cliquez dessus et, en maintenant le bouton de la souris enfoncé, placez-le à l'endroit souhaité.

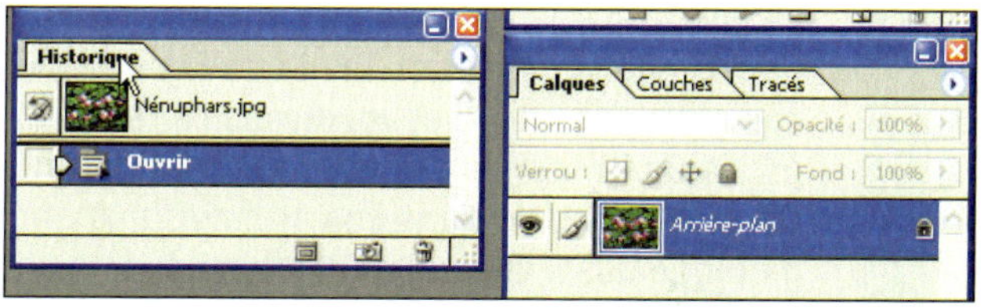

Vous avez maintenant une vue d'ensemble des onglets.

3 Pour regrouper des calques au sein d'une même palette, opérez de manière inverse en glissant l'onglet vers une autre palette. Insérez l'historique à côté de l'onglet **Calques**.

Tout est parfaitement personnalisable. Voici d'autres astuces :

- Essayez de ne pas avoir plus de trois onglets par palette. Au-delà, leur manipulation est fastidieuse. Fermez toutes les autres palettes. Elles seront disponibles à tout moment à partir du menu **Fenêtre**.
- Pour masquer la barre des paramètres et la boîte à outils, cliquez respectivement sur **Fenêtre/Options** et **Fenêtre/Outils** (sauf dans certains cas, ce choix n'est pas très judicieux).
- Pour visualiser une image en plein écran, pressez deux fois la touche F. La troisième pression fait revenir au plan de travail de Photoshop. Masquez les palettes en pressant la touche Tab.
- Pour mémoriser le plan de travail que vous venez de créer, cliquez sur **Espace de travail/Enregistrer l'espace de travail** et donnez-lui un nom.

Vous avez la possibilité d'en créer plusieurs. C'est idéal si vous partagez votre station de travail !

Réaliser
une planche-contact

Vous commencez à avoir une photothèque importante, stockée dans un dossier sur votre disque dur. Il va être temps de penser à sauvegarder ces images sur un support externe pour pouvoir libérer de la mémoire…

Le passage du disque dur à un support externe comme un CD pose un petit problème. En effet, bien que la capacité d'un CD soit très grande, elle n'est pas infinie et vous vous retrouverez rapidement avec plusieurs CD contenant des images différentes. Pour vous permettre de vous retrouver dans vos archives numériques, il existe une méthode aussi ancienne qu'efficace : la planche-contact.

Une planche-contact est un document qui donne un aperçu d'une série de photographies par des vignettes miniatures. Dans les laboratoires photographiques, la planche-contact est traditionnellement réalisée à l'aide des négatifs. Photoshop permet de réaliser automatiquement une planche-contact à partir du dossier où sont rangées vos images.

1 Commencez par classer vos images dans des dossiers séparés. Chaque dossier aura sa propre planche-contact. Pour cela, utilisez l'Explorateur Windows. Gravez un CD à l'aide de votre logiciel de gravure habituel.

2 Dans Photoshop, cliquez sur **Fichier/Automatisation/Planche Contact II**.

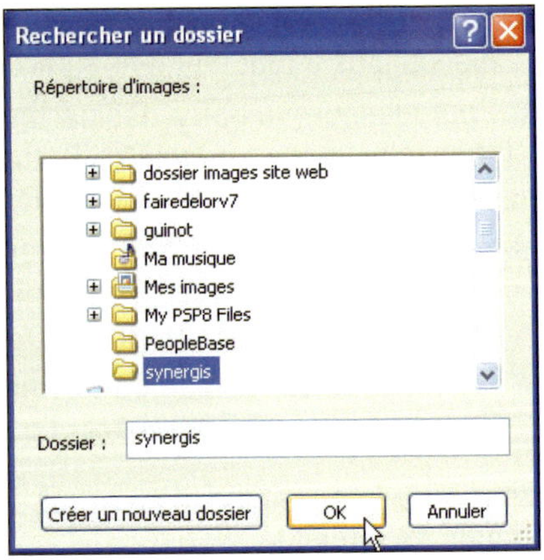

3 Dans l'interface qui apparaît, commencez par choisir un dossier de votre CD en cliquant sur le bouton **Sélectionner**. Si le dossier contient lui-même des dossiers d'images à inclure dans la planche-contact, cochez la case *Inclure les sous-dossiers*.

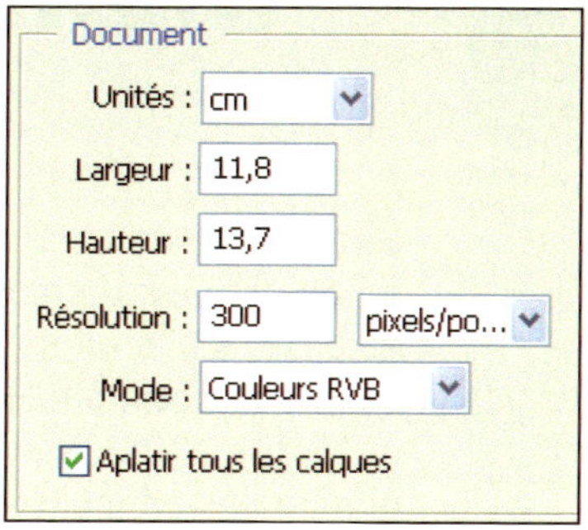

4 Les dimensions de la jaquette d'un CD sont de 11,8 x 13,7 cm. Entrez ces valeurs dans les champs correspondants et choisissez une résolution assez élevée car le document sera imprimé ; saisissez 300 ppp par exemple.

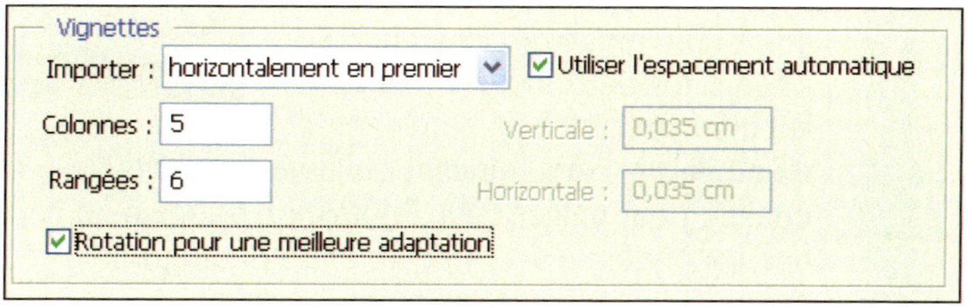

5 Choisissez le nombre de lignes et de colonnes que vous désirez. Cochez la case *Rotation pour une meilleure adaptation* de manière à ce que toutes vos images se placent dans le même sens.

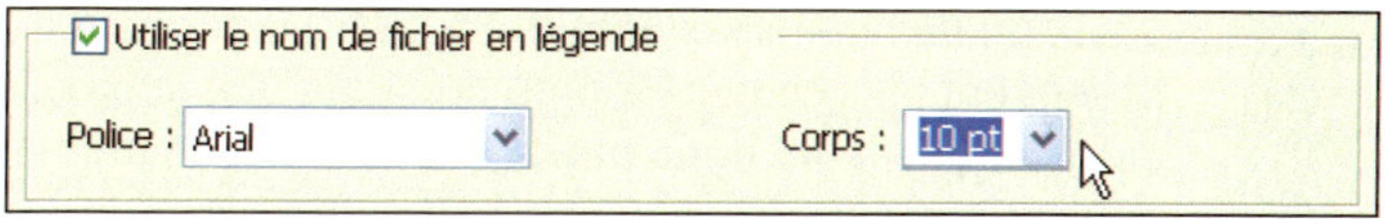

La dernière partie de l'interface vous propose d'inclure en dessous des images, leur nom de fichier. Vous avez la possibilité de choisir les caractéristiques de ce texte : la police de caractères et la taille de la police.

6 Validez et imprimez la planche-contact sur du papier imprimante spécial photo.

Notez que si vos dossiers contiennent un trop grand nombre de fichiers pouvant figurer sur une seule planche-contact, Photoshop en génère automatiquement une seconde.

Montage
de photographies

Le montage de photographie est un art difficile. Un montage consiste à placer un ou plusieurs éléments d'une photographie sur une autre photographie. Une des principales difficultés rencontrée provient du fait de la mauvaise correspondance des couleurs. En effet, si les deux images n'ont pas les mêmes teintes ou dominantes de couleurs, l'effet devient rapidement « artificiel » et de mauvaise qualité. Pour pallier cela, Photoshop propose un outil de correspondance de couleurs entre photographies ou entre différents calques d'un même document.

Vous allez utiliser les deux images *Paysage01.jpg* et *paysage02.jpg* présentes sur le site www.microapp.com. Il s'agit de reformer un paysage de manière à obtenir un beau panoramique. Le problème est ici évident : la première image présente une luminosité trop forte. Les deux parties n'ont donc pas le même profil colorimétrique. Vous allez corriger cela.

1 Ouvrez les deux documents côte à côte sur le plan de travail.

2 Sélectionnez le document *Paysage01.jpg* et activez la commande **Image/Réglages/Correspondance** de la couleur. Dans l'interface qui s'ouvre, sélectionnez l'image *Paysage02* sur la liste déroulante.

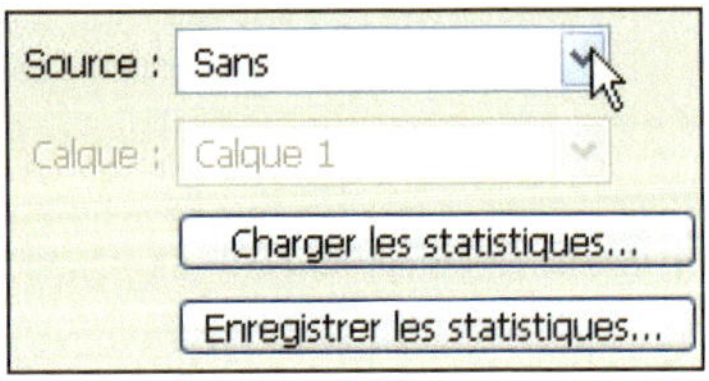

3 La case *Neutraliser* est utile lorsque l'image présente une dominante de couleur particulière. Ce n'est pas le cas ici, laissez-la décochée.

Il vous faut ensuite régler la luminance de l'image pour la faire correspondre à la deuxième. Vous pouvez visionner en temps réel les modifications que vous effectuez sur votre document et donc juger de la correction à apporter.

4 Lorsque vous avez corrigé la couleur, validez en cliquant sur le bouton OK.

5 Créez un nouveau document destiné à accueillir le montage. Il lui faut les dimensions suivantes : *Largeur* : `600` pixels, *Hauteur* : `104` pixels, *Résolution* : `72` pixels par pouce.

6 Avec l'outil **Déplacement**, glissez les deux images sur ce nouveau document et ajustez-les pour qu'elles concordent bien.

Votre montage est terminé.

Le filtre
Fluidité

Parmi les filtres, il en est un qui mérite toute votre attention tant ses possibilités créatives sont importantes. Le filtre *Fluidité* permet de déformer les images de différentes manières. Il est applicable à chaque calque indépendamment.

Voici différentes applications possibles qui permettent d'avoir une vue d'ensemble des possibilités des outils de ce filtre.

Pour afficher l'interface **Fluidité**, activez le menu **Filtre/Fluidité**. À gauche, vous trouvez une série d'outils. Toutes les déformations proposées partent de l'exemple de ce stylo (image *rectangle.psd*, disponible sur www.microapp.com).

- Le premier d'entre eux est l'outil **Déformation**. Vous déformez l'image en glissant les pixels dans la direction du déplacement. Commencez toujours avec le diamètre le plus grand possible. Vous pouvez petit à petit diminuer ce diamètre pour vous intéresser aux détails.

- Comme son nom l'indique, l'outil **Turbulences** crée un bruit aléatoire sur la zone où il est appliqué. En maintenant le bouton de la souris enfoncé au même endroit sur l'image, il est possible de créer des effets très sympathiques comme des flammes ou des volutes de fumée.

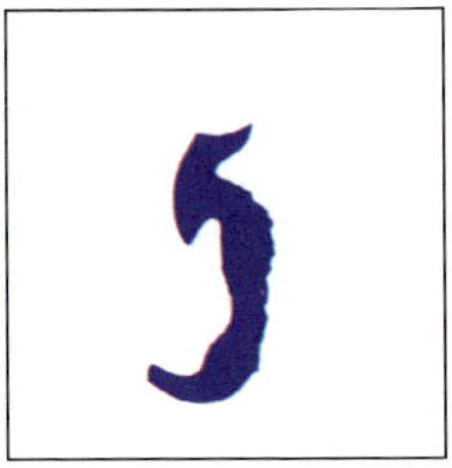

- L'outil **Tourbillon** s'applique très facilement à une partie de l'image. L'objet de l'image sera alors entraîné dans un tourbillon.

- Les outils **Contraction** et **Dilatation** créent un effet de loupe sur une partie de l'image. Vous pouvez les utiliser pour changer les expressions d'un visage ou pour modifier une partie du corps.
- L'outil **Décalage à gauche** déplace les pixels de l'objet perpendiculairement à la direction de déplacement du pointeur.

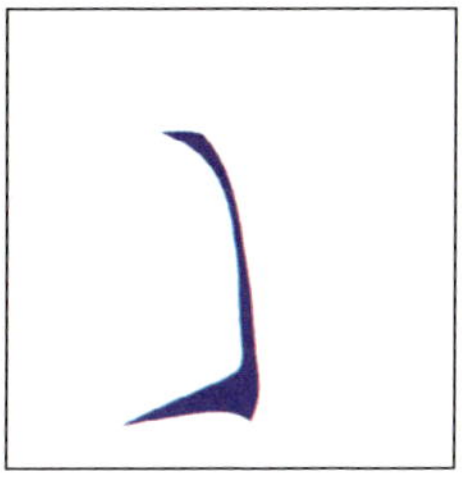

- L'outil **Miroir** copie les pixels qui sont parallèles au sens de déplacement du calque.

Pour toutes ces transformations, il est plus aisé de visualiser les modifications apportées en affichant le filet. Cochez la case *Filet*. Il est alors possible de sauvegarder le filet pour l'appliquer ensuite à une autre image.

Vous pouvez bien évidemment expérimenter les différentes options de cette interface en modifiant les paramètres.

Par exemple, l'image suivante a été modifiée avec l'outil **Tourbillon**, puis certaines parties ont été figées avec l'outil **Blocage de masque**. Lors de la reconstruction entamée avec l'outil de **reconstruction**, les zones masquées ne sont pas affectées.

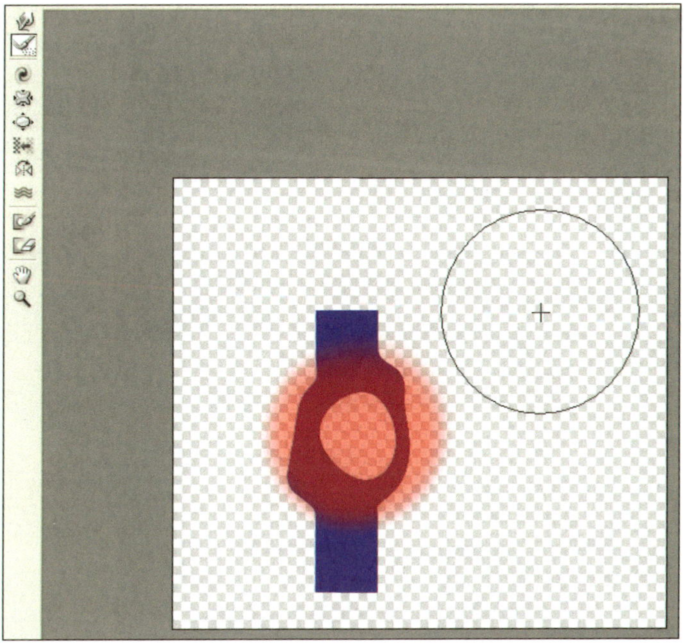

Gérer
sa photothèque

Photoshop dispose d'un outil très puissant de classement pour parcourir votre collection d'images de manière efficace. Il s'agit de l'Explorateur de fichier. Vous pouvez le lancer à partir de Photoshop par le menu **Fichier/Parcourir**, en pressant les touches Ctrl+Maj+O ou en cliquant sur l'icône située en haut à gauche dans la barre des paramètres.

L'Explorateur dispose de fonctions avancées sur lesquelles il est intéressant de revenir. Il est tout à fait possible d'effectuer des opérations de base sur les images avant de les ouvrir dans Photoshop. La rotation d'une image est simplifiée par l'utilisation des boutons situés en haut de l'Explorateur.

1 Sélectionnez le fichier que vous désirez faire pivoter en cliquant une fois dessus.

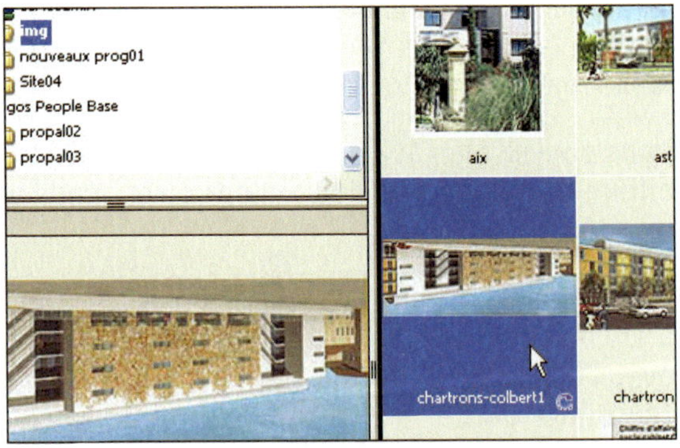

2 Cliquez sur le bouton de rotation d'image autant de fois que nécessaire pour arriver à la bonne présentation.

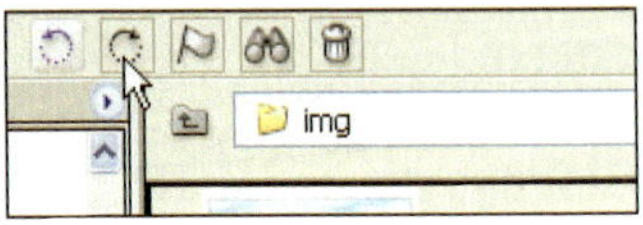

La fenêtre d'aperçu vous permet de vérifier que l'opération a été bien effectuée.

Il est également possible de marquer ses fichiers image. Cela permet de sélectionner par exemple les seuls fichiers définitifs d'un projet sans afficher les fichiers intermédiaires de travail dans l'Explorateur.

1 Pour marquer un fichier, placez-vous sur la vignette de l'image que vous désirez marquer et cliquez pour la sélectionner.

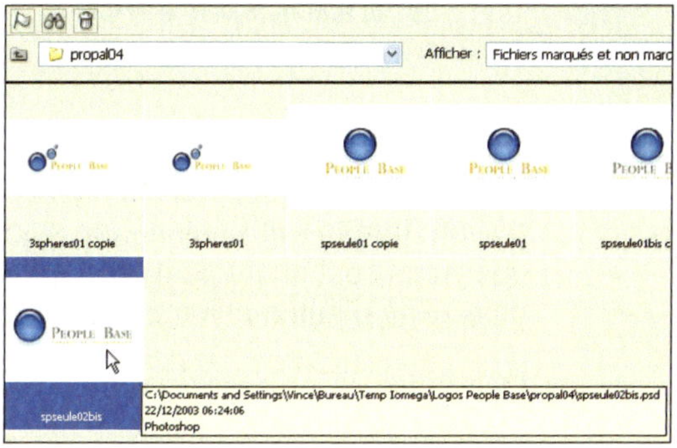

2 Cliquez ensuite sur le bouton de marquage de fichier symbolisé par un petit drapeau en haut de l'Explorateur.

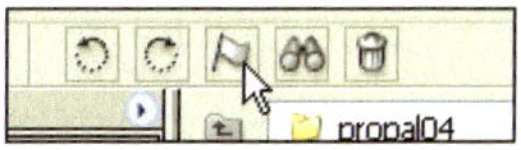

Les fichiers marqués sont signalés par un petit drapeau en bas à gauche de leur vignette.

3 Pour n'afficher que les images marquées, utilisez la liste déroulante située sur la droite de l'interface. Sélectionnez *Fichiers marqués*.

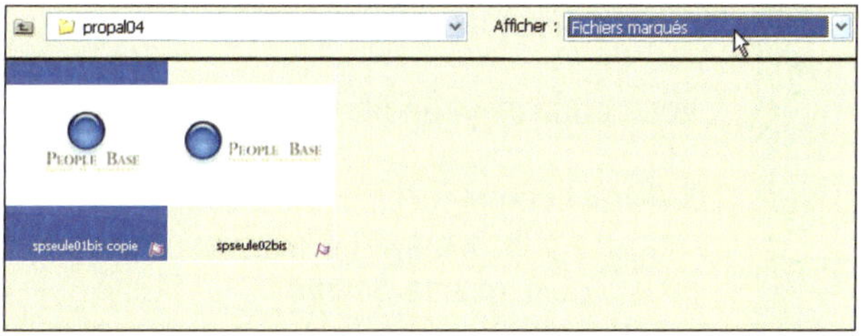

En cliquant sur le bouton présentant une paire de jumelles, vous accédez immédiatement à la fenêtre de recherche.

1 Sélectionnez tout d'abord le dossier dans lequel vous voulez effectuer la recherche en cliquant sur le bouton **Parcourir**.

2 Choisissez un critère de recherche, par exemple, la taille des fichiers. Ajoutez le second critère de sélection et enfin ajoutez la condition de recherche.

Dans l'exemple suivant, tous les fichiers du dossier *Propal04* ayant une taille supérieure à 500 ko sont recherchés. Seuls les résultats de la requête s'affichent dans l'Explorateur.

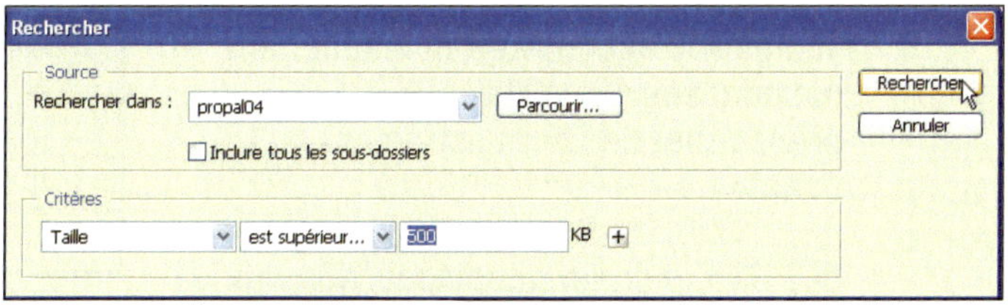

Automatiser
les opérations usuelles

Il arrive assez souvent que l'on dispose d'une série d'images qui doivent toutes subir une même suite d'opérations. Répéter ces opérations est on ne peut plus ennuyeux ! Photoshop offre la possibilité d'automatiser ces tâches.

La procédure à répéter sur toutes les images doit être réalisée une fois sur la première image. En enregistrant la suite des opérations dans un script, il est alors très facile de l'appliquer à toutes les images.

Imaginez que vous ayez à transformer plusieurs images couleur en images noir et blanc dotées d'un contour noir.

1 Ouvrez une image et la palette *Scripts* en cliquant sur **Fenêtre/Scripts**. Au bas de la palette *Scripts*, cliquez sur l'icône de création d'un nouvel ensemble et nommez-le `Scripts persos`.

Vous pourrez y ranger tous les scripts que vous créez.

2 Pour commencer un nouveau script, cliquez sur l'icône symbolisée par une page en bas de la palette *Scripts*.

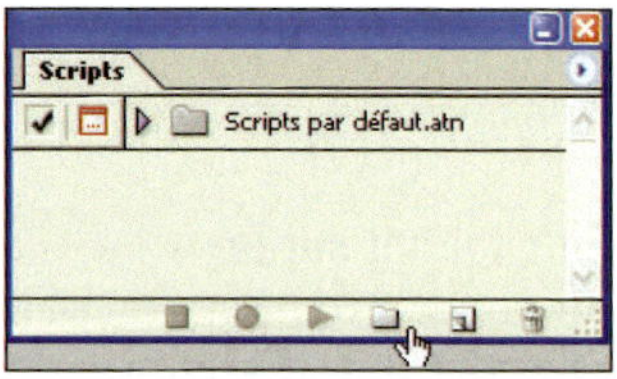

3 Attribuez-lui un nom évocateur ainsi qu'une touche, par exemple F11.

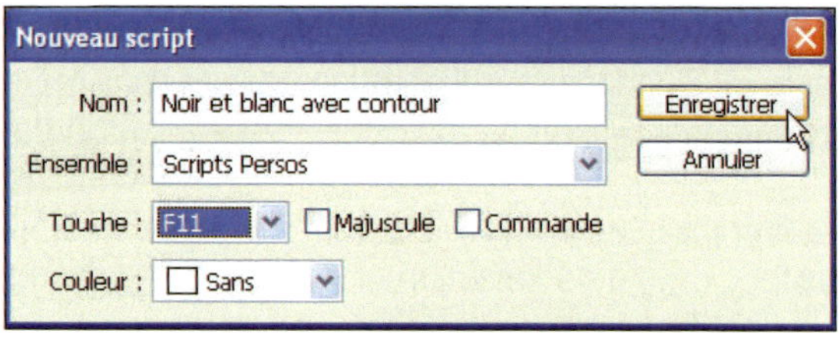

Toutes vos actions seront maintenant mémorisées. Travaillez sans vous préoccuper de l'enregistrement du script.

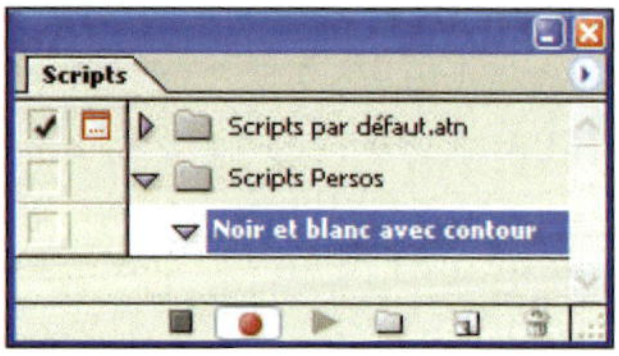

4 Cliquez sur **Image/Mode/Niveaux de gris** pour passer votre image en noir et blanc. Sélectionnez la totalité de

l'image en pressant les touches Ctrl+A ou en cliquant sur **Sélection/Tout sélectionner**.

Cette sélection va servir de base pour la création d'un contour.

5 Pressez la touche D pour réinitialiser les couleurs de la palette et avoir le noir comme couleur de premier plan. Dans le menu **Edition**, choisissez **Contour**. Une épaisseur de *1* pixel est suffisante. Validez. Désélectionnez en pressant les touches Ctrl+D ou en cliquant sur **Sélection/Désélectionner**. Une fois que le résultat est obtenu, cliquez sur le bouton de fin d'enregistrement de script situé au bas de la palette *Scripts*.

Votre script est prêt à être exploité !

6 Pour l'appliquer à une image, ouvrez le document et appuyez sur la touche F11 que vous avez associée précédemment à l'exécution du script.

C'est agréable de regarder Photoshop travailler tout seul…

Il existe une méthode encore plus efficace pour utiliser vos scripts.

1 Cliquez sur **Fichier/Automatisation/Traitement par lot**.

2 Dans l'interface qui s'ouvre, sélectionnez le script que vous désirez appliquer à votre série d'images.

3 Sélectionnez le dossier source où sont rangées vos images ainsi que le dossier de destination dans lequel Photoshop enregistrera les images qui auront subi les actions du script. Validez et attendez que Photoshop ait terminé son travail ! À la fin des calculs, allez voir dans le fichier de destination.

Vos images vous attendent…

Le comble du raffinement en matière d'automatisation des tâches est de créer une application droplet.

1 Cliquez sur **Fichier/Automatisation/Créer une application Droplet**.

Un petit programme est alors créé.

2 Déposez un raccourci sur le Bureau Windows. Pour appliquer les transformations à une image, glissez les fichiers image depuis l'Explorateur Windows jusqu'à l'icône du droplet.

Créer
ses propres motifs

Photoshop permet de créer des surfaces texturées très simplement. Pour cela, il suffit d'utiliser l'outil **Pot de peinture** dans une sélection. La sélection est alors remplie par la couleur sélectionnée, ou mieux, par le motif sélectionné dans la barre des paramètres.

Ainsi, le motif *Pâquerettes bleues* permet de créer un champ de fleur en un coup de pot de peinture !

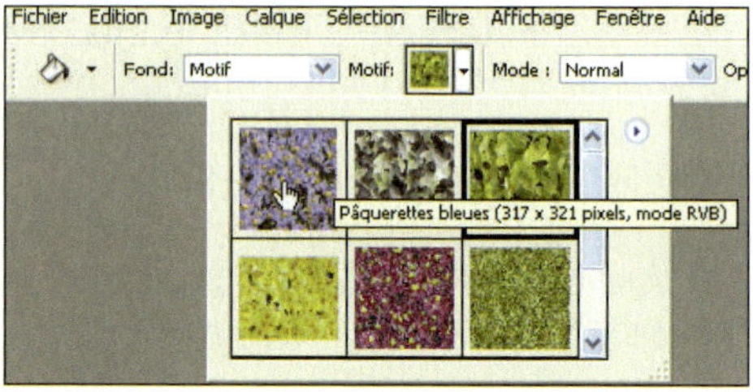

Il existe une grande quantité de motifs prédéfinis dans Photoshop. Mais il peut être agréable d'utiliser ses propres motifs.

Vous allez réaliser un motif qui, une fois appliqué à une image, donnera l'impression que cette dernière est vue à travers un écran de téléviseur.

1 Commencez par créer un nouveau document de 2 pixels de haut et de 1 pixel de large. L'arrière-plan doit être transparent et la résolution, si possible, supérieure à 72 pixels par pouce. Pour voir le document créé, vous aurez certainement besoin de zoomer au maximum !

2 Dans la boîte à outils, double-cliquez sur la couleur de premier plan et choisissez le blanc dans la palette qui apparaît. Sélectionnez l'outil **Crayon**. Dans la barre des paramètres, déroulez les options de formes d'outils. Dans la petite interface, cliquez sur le triangle bleu situé en haut à droite et sélectionnez **Formes d'outils carrées**. Choisissez un diamètre de 1 pixel.

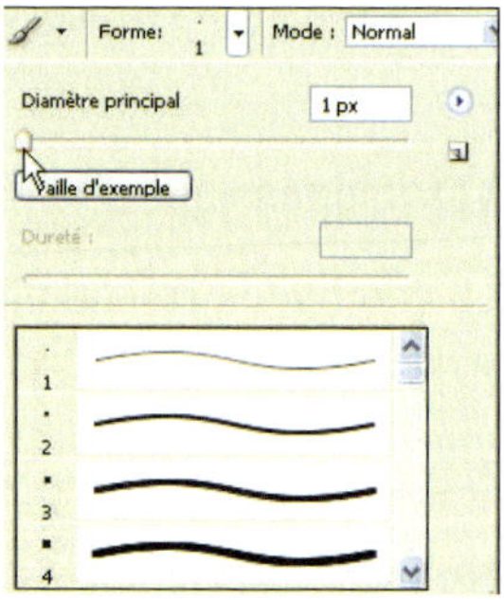

3 Donnez un coup de crayon sur le document, de manière à ce que la moitié de l'image soit recouverte de blanc.

Vous pouvez télécharger le fichier *motiftv.psd* contenant le motif sur le site www.microapp.com.

Fiche pratique 13

4 Pressez les touches Ctrl+A pour sélectionner tout le document. Cliquez sur **Edition/Utiliser comme motif**. Nommez votre motif `Entrelacement TV` et validez.

Vous pouvez maintenant ouvrir l'image sur laquelle vous désirez appliquer le motif.

1 Sélectionnez l'outil **Pot de peinture**. Dans la barre des paramètres, sélectionnez *Motif* sur la liste *Fond*.

Vous voyez que le motif que vous venez de créer est présent sur la liste des motifs.

2 Cliquez dessus pour le sélectionner.

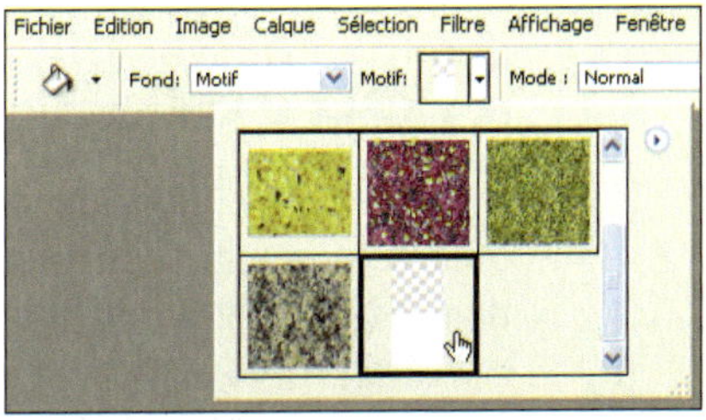

3 Dans la palette *Calques*, créez un nouveau calque en cliquant sur l'icône *Création de calque*. Cliquez sur le document avec le **Pot de peinture**.

Votre image doit se retrouver recouverte par le motif. Vous constatez que les zones transparentes de ce dernier ont été préservées et que l'image est visible par transparence.

4 Pour améliorer le rendu, passez le calque qui a accueilli le motif en mode Lumière tamisée et diminuez son opacité à 60 %.

Les filtres faciles

Les filtres de Photoshop permettent d'obtenir en quelques clics des effets intéressants sur vos images. Du simple flou à la déformation en passant par de nombreux effets de rendu artistiques, ils sont accessibles via le menu **Filtres**. Voici quelques astuces qui vont vous faciliter leur utilisation.

Trouver le bon effet

Il est souvent difficile de savoir quel sera le meilleur filtre à utiliser pour obtenir le résultat désiré sur une image. Il faut alors les essayer un par un avec différents réglages. Pour éviter de devoir passer en revue tout le menu **Filtres**, activez plutôt la commande **Filtres/Galerie de filtres**.

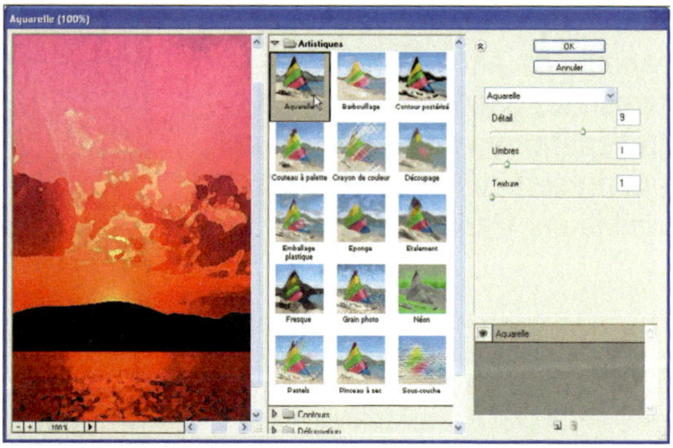

Une nouvelle fenêtre apparaît alors. Elle va vous permettre d'accéder à la plupart des filtres proposés par Photoshop. L'interface se décompose en trois parties :

- Sur la gauche, vous pouvez avoir un aperçu du résultat du filtre sur votre image. Si votre image est trop grande pour être contenue en entier dans la fenêtre d'aperçu, vous pouvez déplacer l'image grâce aux petits ascenseurs situés en bas et à gauche de l'image.
- La partie centrale liste les filtres et leurs catégories. Pour ouvrir ou fermer une catégorie, cliquez sur la petite flèche bleue située juste à gauche de son nom. Pour avoir un aperçu du résultat du filtre, cliquez sur la vignette correspondante.
- Lorsque vous avez choisi un filtre, la partie droite de l'interface vous permet d'influer sur les réglages du filtre. Les options sont différentes pour tous les filtres ; nous ne pouvons pas les développer tous ici. Il vous faudra donc tâtonnez au début. Vous trouverez certainement,

des filtres et des réglages que vous utiliserez plus souvent que d'autres et qui vous deviendront très rapidement familiers. Le résultat de chaque modification des réglages est visible sur l'aperçu situé à gauche de l'interface.

Pour choisir le filtre sélectionné, cliquez sur le bouton OK une fois que les réglages ont été faits.

Filtrer sur une partie de l'image

Il est tout à fait possible de n'appliquer un filtre qu'à une partie de l'image.

1 Sélectionnez un outil de sélection tel que l'outil **Sélection rectangle** par exemple.

2 Sélectionnez une partie de votre image.

3 Appliquez un filtre via le menu **Filtres** et validez.

Le filtre ne sera alors appliqué qu'à la partie sélectionnée.

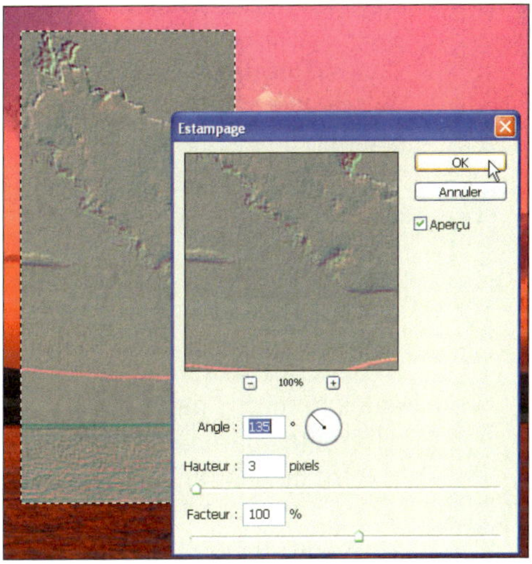

Les modes colorimétriques

Vous travaillez sur un fichier en mode CMJN, en niveaux de gris ou couleurs indexées ? Il est tout à fait probable que vous ne puissiez pas appliquer le filtre que vous désirez, celui-ci apparaissant en grisé dans le menu **Filtres**.

Il est donc nécessaire dans ce cas, de passer votre image en mode RVB via la commande **Image/Mode/Couleurs RVB**.

Créer une texture
sans raccords apparents

Lorsque vous créez une texture pour le fond d'une page web par exemple, il se pose systématiquement le même problème. La texture que vous réalisez est répétée pour couvrir tout le fond de la page. Les raccords entre deux images se font de manière sèche et visible, ce qui provoque un effet de quadrillage.

Il existe une technique pour éliminer complètement cet effet peu esthétique. Commencez par ouvrir le fichier *texturea.jpg* téléchargeable sur le site www.microapp.com.

1 Choisissez le filtre **Divers/Décalage**. Dans la boîte de dialogue, entrez les valeurs suivantes : *Horizontale* : 200, *Verticale* : 200, *Reboucler* : cochez la case.

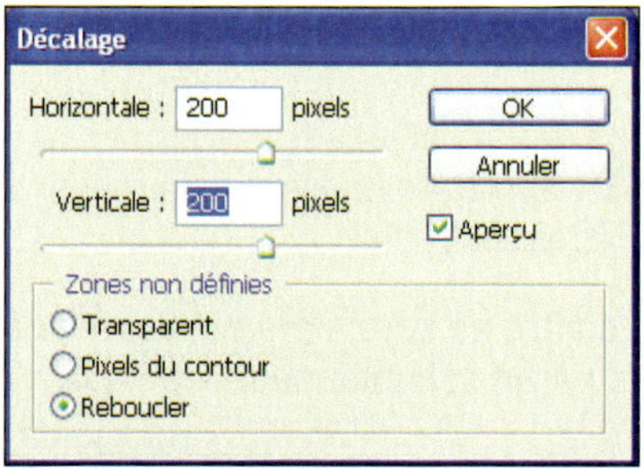

La texture est alors décalée et les raccords entre les différentes parties de la texture deviennent visibles.

Vous allez maintenant masquer ces raccords. Il existe plusieurs manières de le faire. La plus simple est d'utiliser l'outil **Pièce**. Il permet de corriger certaines parties d'une image sans casser l'harmonie de cette dernière.

2 Dans la barre des paramètres, cochez la case *Rapiécer Source*.

3 Pour rendre les raccords invisibles, avec l'outil **Pièce**, sélectionnez la partie inférieure du raccord vertical.

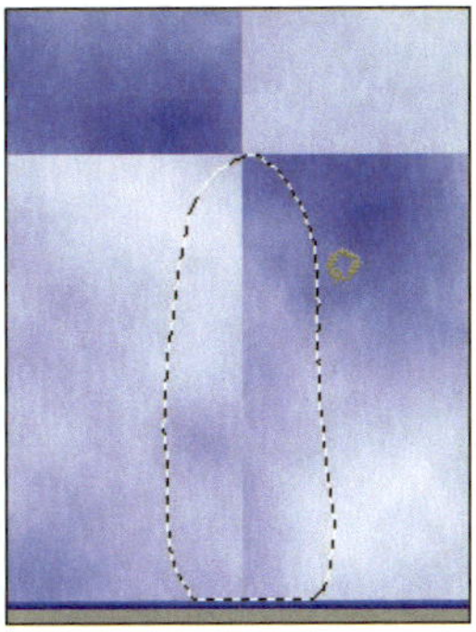

4 Toujours avec l'outil **Pièce**, cliquez sur la sélection et, en maintenant le bouton de la souris enfoncé, glissez-la jusqu'à une partie sans raccords, puis relâchez le bouton.

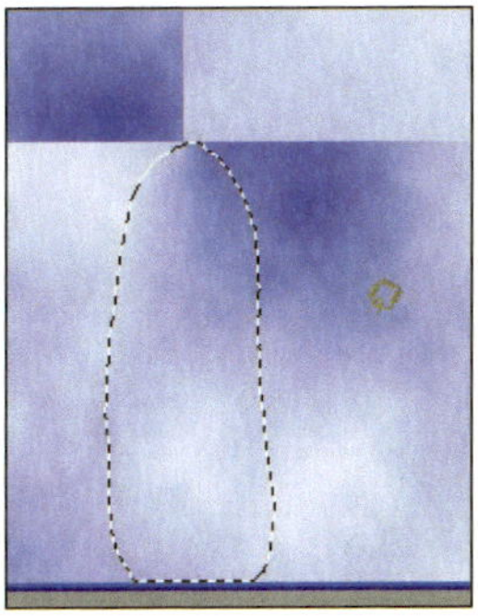

La zone sur laquelle vous avez déplacé la sélection est prise comme modèle et a corrigé la zone du raccord. Le plus simple est d'appliquer la même méthode aux trois autres raccords jusqu'à ce qu'ils ne soient plus décelables.

Le travail n'est pas encore totalement achevé. En effet, il est probable qu'il subsiste des raccords visibles sur les bords de l'image.

5 Pour les voir, cliquez sur **Divers/Décalage**. Entrez les mêmes valeurs que précédemment (elles doivent être indiquées par défaut) et validez. Pour les éliminer, pratiquez de la même manière que pour les autres raccords avec l'outil **Pièce**.

Votre texture est prête à être utilisée. L'image que vous venez de créer peut maintenant être répétée par juxtaposition sans laisser apparaître de raccords.

Transformer
une sélection

Il est possible dans Photoshop de modifier n'importe quelle partie d'une image. Il vous faudra pour cela avoir l'élément à déformer sur un calque indépendant.

Vous allez utiliser le fichier *rosetransformation.psd* disponible sur le site www.microapp.com. Il présente une rose isolée sur un calque.

1 Commencez par vous placer sur le calque *Rose* dans la palette *Calques*. Cliquez ensuite sur **Edition/Transformation manuelle** ou pressez les touches Ctrl+T.

La sélection est maintenant dotée de poignées carrées aux quatre angles et sur les côtés.

2 Cliquez avec le bouton droit de la souris sur la sélection.

Un menu apparaît. Il correspond au menu **Edition/Transformation**.

3 Dans ce menu, sélectionnez la transformation qui vous convient et placez-vous sur l'une des poignées. Déplacez la poignée.

Le contenu de la sélection est déformé selon le principe de transformation que vous avez choisi. Voici les différents effets des transformations :

- La commande **Homothétie** agrandit ou réduit un élément par rapport à son point de référence. Elle peut se faire horizontalement, verticalement ou sur les deux axes. Avec la touche Alt, la transformation se fait à partir du centre de la sélection. Avec la touche Maj, les proportions sont préservées.

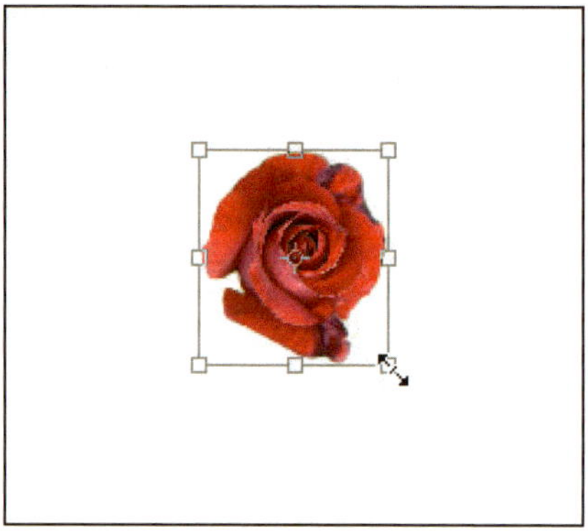

- La commande **Rotation** fait pivoter un élément autour d'un point de référence. Par défaut, ce point est situé au centre de l'objet, mais vous pouvez le déplacer. En maintenant la touche [Maj] enfoncée pendant l'opération, vous forcez la rotation à se caler sur des mesures d'angle multiples de 15.

- La commande **Inclinaison** vous permet de pencher un élément verticalement et horizontalement. Avec la touche [Alt], les côtés opposés restent parallèles.

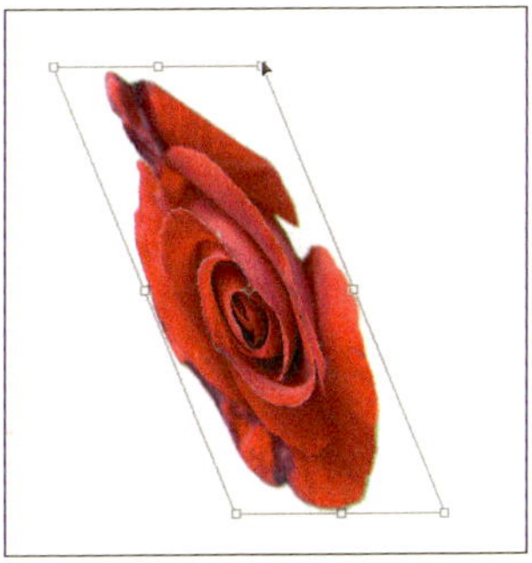

- La commande **Torsion** vous permet d'étirer un élément dans toutes les directions.

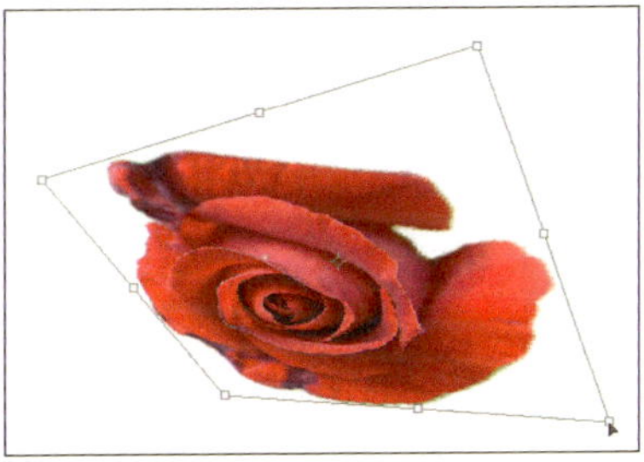

- La commande **Perspective** vous permet d'appliquer à un élément une perspective par rapport à un point.

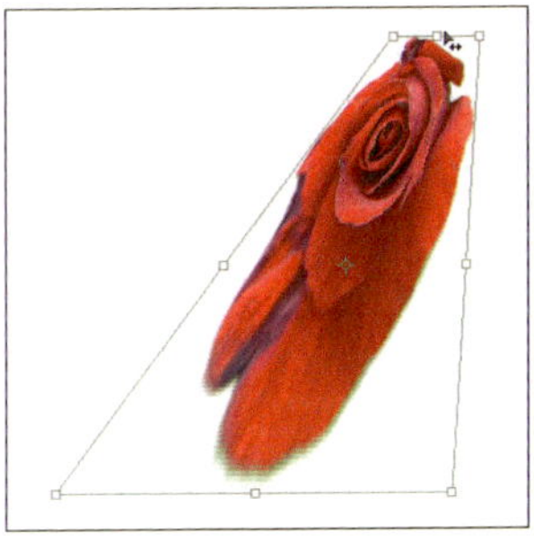

4 Pour valider votre transformation, double-cliquez sur la sélection ou cliquez sur le bouton de validation situé sur la barre des paramètres.

Si vous choisissez plusieurs transformations, appliquez-les de préférence les unes après les autres, mais validez-les toutes en même temps.

Un bouton style Aqua

Les boutons style Aqua sont très utilisés à la fois sur Internet, mais également dans différentes interfaces de logiciels. Vous allez voir comment créer un tel effet sur un bouton.

1 Créez un nouveau document via la commande **Fichier/Nouveau** et entrez les valeurs suivantes : *Largeur* : 200 pixels, *Hauteur* : 60 pixels, *Résolution* : 72 pixels par pouce, *Contenu de l'arrière-plan* : *Blanc*. Créez ensuite un nouveau calque en cliquant sur l'icône *Création de nouveau calque* au bas de la palette *Calques*.

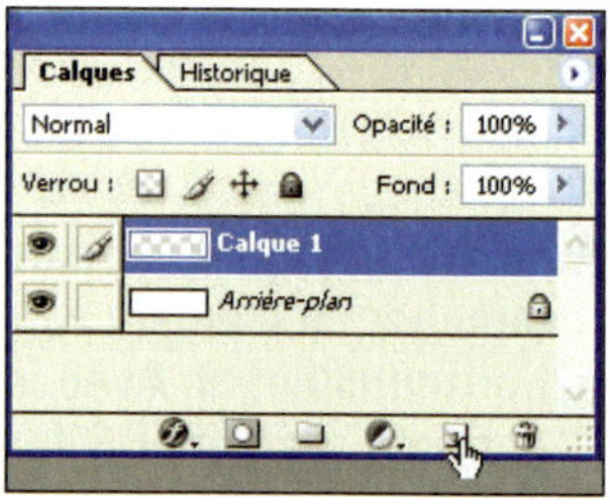

2 Prenez l'outil **Rectangle arrondi** dans la boîte à outils. Entrez un rayon de 30 pixels dans la barre des paramètres et dessinez la forme du bouton sur votre document sans vous préoccuper de la couleur.

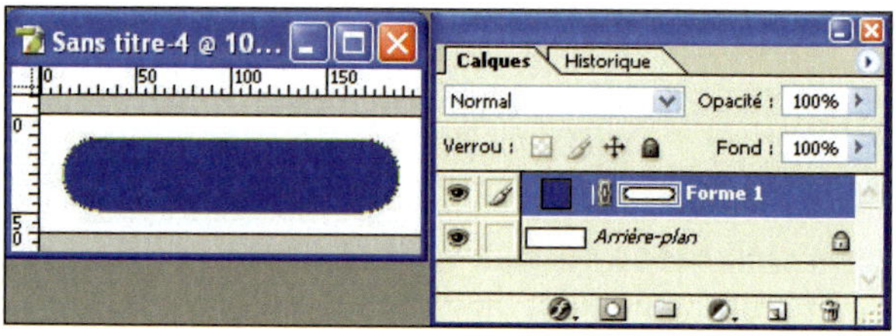

3 Cliquez sur le petit *f* au bas de la palette *Calques* et sélectionnez **Incrustation en dégradé** dans le menu déroulant. Dans la fenêtre de style de calque qui apparaît, choisissez un dégradé avec les couleurs qui vous conviennent, choisissez les deux couleurs extrêmes assez proches l'une de l'autre ; ici un bleu clair et un autre légèrement plus foncé.

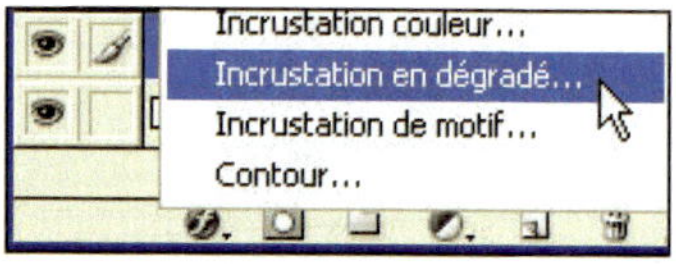

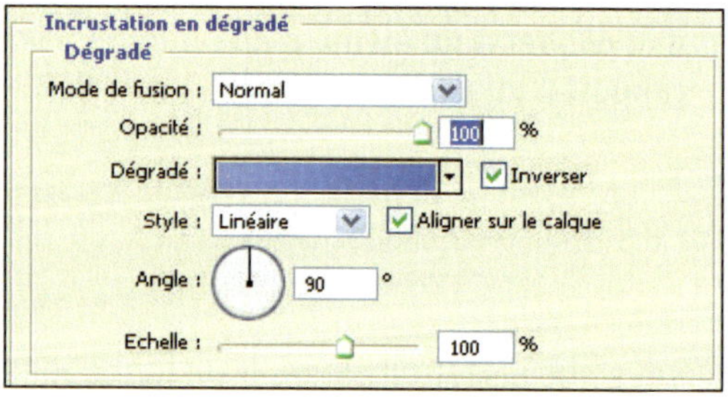

Vous allez maintenant créer le reflet qui va créer l'effet.

1 Créez un nouveau calque par-dessus celui qui accueille la forme du bouton. Placez ensuite votre pointeur sur le calque du bouton et, avec la touche Ctrl enfoncée, cliquez sur ce calque de manière à sélectionner la forme du bouton. Activez ensuite le menu **Sélection/Modifier/Contracter** et entrez une valeur de 2 pixels dans la fenêtre qui s'ouvre. Pressez la touche X pour obtenir la couleur blanche comme couleur de premier plan. Munissez-vous de l'outil **Dégradé** et cliquez sur le dégradé dans la barre des paramètres.

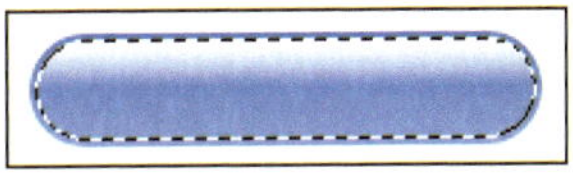

2 Choisissez le dégradé *Premier plan -> Transparent* et validez. Tracez ensuite le dégradé de haut en bas sur votre sélection.

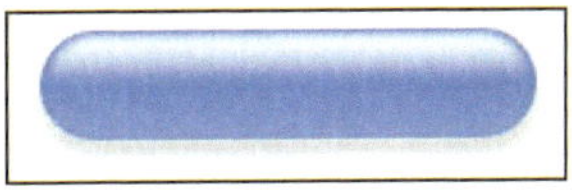

3 Pressez les touches Ctrl+D pour désélectionner et, toujours sur le calque sur lequel vous venez de créer le reflet, activez la commande **Filtre/Atténuation/Flou Gaussien** et entrez une valeur de 1,7 pixels pour atténuer les contours du reflet.

Votre bouton est prêt ! Il vous est tout à fait possible de revenir sur sa couleur en modifiant le style de calque *Incrustation en dégradé* que vous avez appliqué à la forme du bouton.

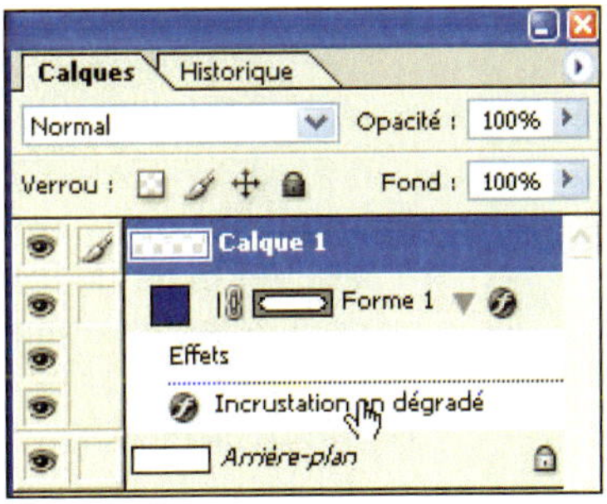

4 Pour cela, double-cliquez sur le style de calque dans la palette *Calques*. Vous pouvez lui appliquer quelques effets complémentaires comme une ombre portée ou une lueur externe… selon votre inspiration.

Il ne vous reste plus qu'à insérer votre texte sur le bouton et le tour est joué !

Bien utiliser
le clavier

Toutes les commandes de Photoshop sont disponibles via les différentes interfaces présentes sur le plan de travail. Pourtant, à l'usage, il est bien pratique d'utiliser le clavier pour les opérations les plus fréquentes. Voici les utilisations les plus courantes disponibles à partir du clavier.

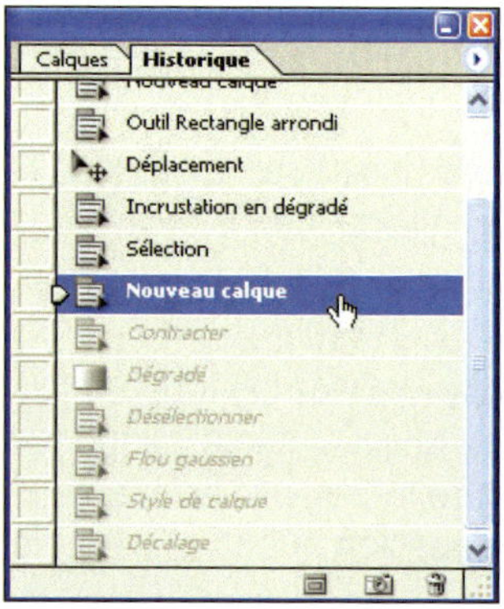

- La combinaison de touches Ctrl+Z permet d'annuler la dernière opération que vous venez d'effectuer. Si vous appuyez de nouveau sur Ctrl+Z, le document revient à son état antérieur, avant l'annulation. Pour annuler un plus grand nombre d'opérations, vous devez afficher la palette *Historique* (**Fenêtre/Historique**). Vous pouvez alors revenir en arrière dans la chronologie des opérations.

- L'outil **Déplacement** est extrêmement utilisé. Pour le sélectionner, une simple pression sur la touche V est nécessaire. Il est également accessible de manière temporaire : il faut pour cela maintenir la touche Ctrl enfoncée. Quand elle est enfoncée, l'outil **Déplacement** remplace l'outil précédemment actif. Quand elle est relâchée, l'outil précédent est à nouveau disponible.

- L'outil **Main** est très pratique lorsqu'on travaille avec des documents de dimensions plus grandes que l'écran. Pour le sélectionner à partir du clavier, pressez la touche H. Pour le sélectionner temporairement, maintenez la barre d'espacement du clavier enfoncée. Déplacez le document ou l'élément et relâchez la barre d'espacement.

- L'outil **Loupe** est également très utile. Pour éviter de jongler avec la boîte à outils, il est possible de zoomer et de dézoomer à partir du clavier. Pour cela, il faut utiliser les touches Ctrl+\+ et Ctrl+-. Ainsi, plus de temps perdu à sélectionner l'outil **Loupe** et à revenir à l'outil utilisé précédemment !

Dans la boîte à outils, de nombreux outils sont cachés. Pour les afficher, vous devez cliquer sur un outil présentant une petite flèche noire sur le bas, à droite de la case.

- Pour sélectionner un outil présent sur la liste des outils cachés à partir du clavier, sélectionnez d'abord l'outil principal. Par exemple, pour accéder à l'outil de sélection elliptique, appuyez sur la touche M, l'outil de sélection devient actif. Pour accéder à l'outil de sélection elliptique, pressez de nouveau la touche M en maintenant la touche Maj enfoncée. Cette technique permet de faire défiler la plupart des outils cachés de la boîte à outils. En utilisant à chaque fois la touche de raccourci appropriée.

La plupart des fonctions des menus disposent d'un raccourci clavier. Pour connaître celui de la commande que vous utilisez le plus souvent, déroulez le menu et notez les touches indiquées en regard de l'intitulé de la fonction à droite.

Avec la commande **Edition/Raccourcis clavier**, il vous est possible d'attribuer vos propres touches (ou combinaisons de touches) à une action, une palette ou un outil de Photoshop. Profitez-en ! Laissez vous guider.

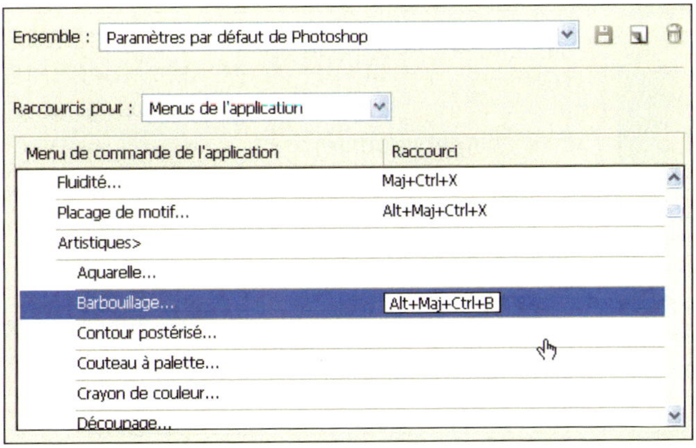

Économiser la mémoire

Comment savoir que vous manquez de mémoire vive (RAM) ? C'est simple. Soit Photoshop présente des signes évidents de ralentissement dans l'exécution de certaines commandes, soit le programme refuse tout simplement d'exécuter l'opération que vous lui avez demandée. Pour remédier à ce problème, vous avez plusieurs solutions qui consistent à libérer de l'espace sur la mémoire et à adopter des méthodes de travail moins gourmandes en ressources.

Purger l'ordinateur !

Certaines opérations courantes sollicitent directement la mémoire vive de l'ordinateur. Il s'agit des opérations de couper-copier-coller au cours desquelles les documents sont stockés temporairement sur votre ordinateur, dans un emplacement appelé le Presse-papiers.

Une autre fonction de Photoshop utilise la RAM de manière parfois excessive : l'Historique. En effet, afin de permettre de revenir à un état précédent du document sur lequel vous travaillez, Photoshop stocke toutes les informations concernant le déroulement des opérations. Vous pouvez voir le résultat de ce stockage dans la palette *Historique*.

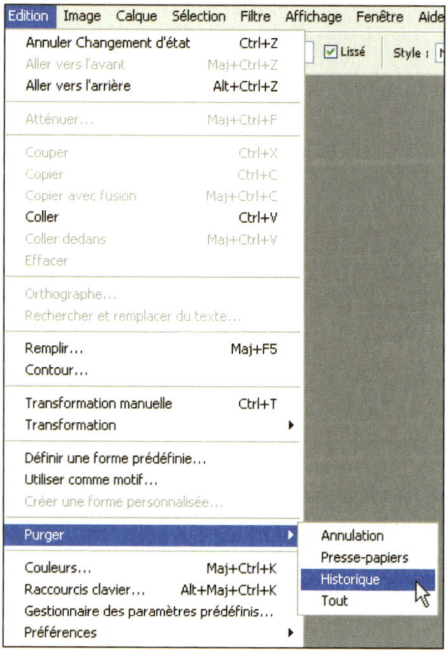

En éliminant le contenu du Presse-papiers et de l'Historique, il est possible de récupérer quelques précieux kilo-octets de mémoire.

Sélectionnez la commande de menu **Edition/Purger**. Vous pouvez alors choisir de supprimer différentes informations. Certains choix peuvent ne pas être accessibles. Par exemple, si le Presse-papiers est vide, cette option apparaîtra en grisé.

- La commande **Annulation** permet d'éliminer les informations de la dernière opération effectuée.
- La commande **Presse-papiers** permet de supprimer le contenu stocké dans le Presse-papiers. Ce dernier se remplit lors des opérations de couper-copier-coller.
- La commande **Historique** permet de supprimer les informations visibles dans la palette *Historique*. En choisissant cette option, vous rendez impossible un quelconque retour en arrière sur le document actif, mais aussi sur tous les documents ouverts ! Pour purger uniquement l'Historique du document actif, cliquez avec le bouton droit de la souris sur la vignette située en haut de la palette *Historique* et choisissez **Effacer l'historique**.

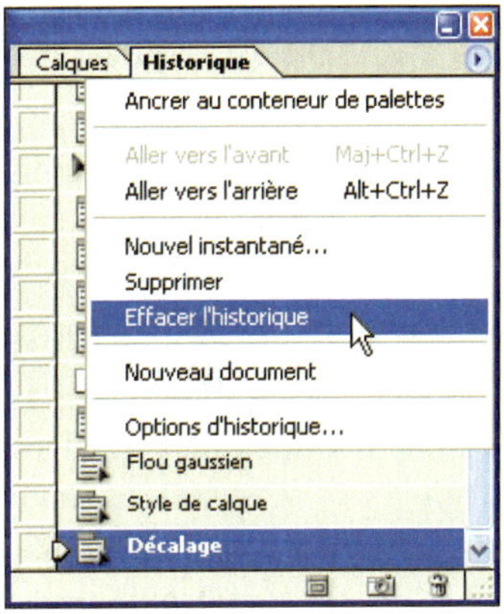

- La commande **Tout** permet de tout purger. Dans ce cas, toutes les informations stockées par Photoshop sont éliminées. Cette commande s'applique à tous les documents ouverts dans Photoshop.

Ménager l'ordinateur !

- Fermez les applications que vous n'utilisez pas lorsque vous travaillez avec Photoshop. Même inactives, elles occupent une place sur la RAM.
- Lors de la création d'un montage photographique, essayez autant que possible de ne pas ouvrir toutes les images du montage en même temps. Travaillez sur chacune d'elle séparément.
- Pour transférer vos images, préférez les méthodes de glisser-déposer avec la souris, au copier-coller gourmand en RAM.
- Travaillez vos documents en basse résolution pour commencer. Tous les calculs seront plus rapides. Cela permet d'avoir une vue globale d'un projet sans avoir de contraintes de temps de calcul et de taille de mémoire. L'utilisation de formes vectorielles et des styles de calques permet d'augmenter la résolution par la suite sans grandes difficultés.

Photoshop, à l'aide !

Si vous n'avez pas trouvé de réponse à une question précise dans cet ouvrage, vous avez la possibilité d'utiliser l'aide de Photoshop. Elle décrit de manière pléthorique toutes les fonctions de Photoshop et d'ImageReady. Elle n'explique pas comment procéder pour obtenir un effet précis, mais permet de se sortir d'une impasse avec le maniement d'un outil ou d'une fonction. Elle est accessible par la touche F1 ou par le menu **Aide/Aide de Photoshop**.

L'interface de l'aide se présente à l'intérieur de votre navigateur web. Vous n'avez pas besoin d'être connecté à Internet pour autant ! Il va vous permettre d'explorer toutes les rubriques de l'aide comme si vous recherchiez un fichier dans le navigateur Windows.

L'interface se présente en deux parties :

- Le volet gauche permet d'accéder aux différents emplacements des fichiers d'aide. C'est à partir de cet emplacement que commence toute recherche.
- Le volet droit plus large est réservé à l'affichage des résultats de la recherche.

Le sommaire

Par défaut, quand l'aide s'ouvre, vous avez accès à une recherche via un sommaire. Ce sommaire se présente à la manière d'un livre. Cliquez sur l'intitulé d'un chapitre pour accéder aux sous-catégories. Ces dernières s'affichent alors dans le volet droit.

En cliquant sur une sous-catégorie, vous accédez à l'article correspondant.

L'index

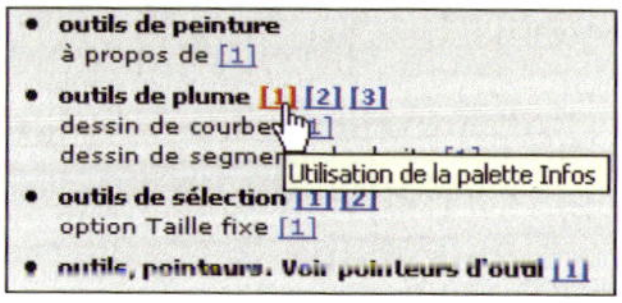

Tout comme le sommaire, l'index fonctionne à la manière de l'index d'un livre. Pour y accéder, cliquez sur le lien hypertexte *Index* en haut de la colonne gauche.

Une liste de mots-clés s'affiche alors en dessous. Chacun d'entre eux est suivi de chiffres. Chaque chiffre correspond au nombre de pages consacrées au mot-clé. Placez le pointeur sur l'un de ces chiffres, et le titre de la page s'affiche dans une petite vignette accolée au pointeur.

En cliquant sur le chiffre correspondant au titre de la page que vous désirez, vous accédez à l'article en rapport dans la colonne droite.

L'arborescence

L'arborescence est une méthode de recherche d'aide relativement fastidieuse. Dans la colonne gauche sont listés tous les thèmes abordés dans l'aide. Ces thèmes sont classés en catégories et sous-catégories. Plus l'intitulé est indiqué dans une police épaisse et est placé sur la gauche de l'écran, plus le thème est général.

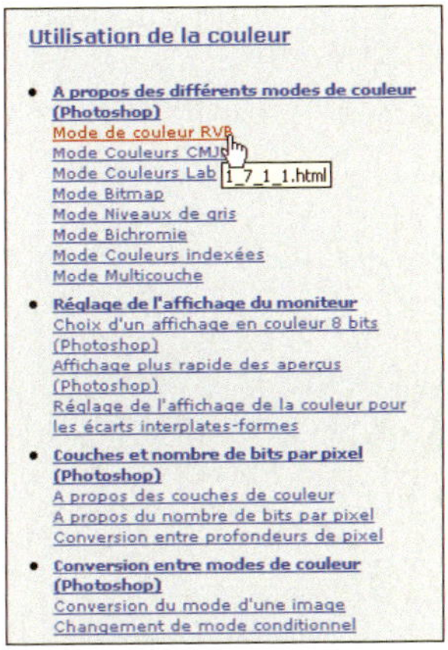

La recherche

La recherche est certainement la méthode la plus directe. Quand vous cliquez sur le lien *Recherche* en haut de la colonne gauche, un champ de formulaire vous permet de saisir un ou plusieurs mots-clés correspondant au problème que vous vous posez.

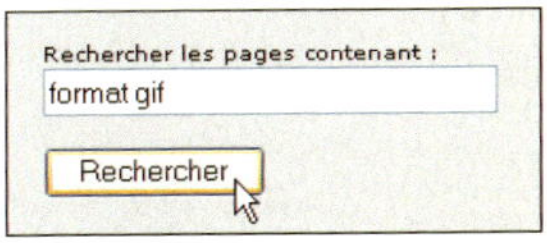

La recherche peut prendre quelques secondes car l'aide va vous proposer plusieurs rubriques correspondant à votre requête.

À l'intérieur même des articles de l'aide, il existe des liens hypertextes vous menant à d'autres rubriques connexes. Vous naviguez dans l'aide comme sur un site web.

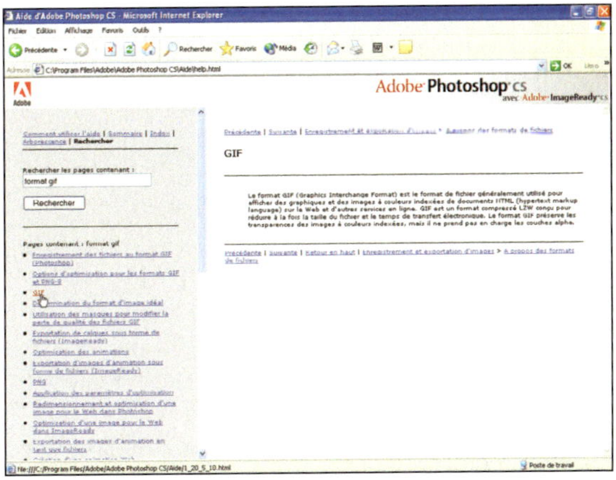

Index

O

P-R

S-T

V-Y

Imprimerie CHIRAT, 42540 Saint-Just-la-Pendue
Dépôt légal février 2004 N° 1491

IMPRIMÉ EN FRANCE